AF566379

HERZHAFT & VEGETARISCH

DIE DR. OETKER GELING-GARANTIE

UNSER VERSPRECHEN

Liebe Leser*innen,

mit den Rezepten in unseren Koch- und Backbüchern möchten wir Sie und Ihre Lieben glücklich machen. Zum Glück braucht es den Erfolg, und den kaufen Sie mit jedem Dr. Oetker Buch gleich mit.

Dafür gibt es die Dr. Oetker Geling-Garantie.
Sie ist unser Versprechen, dass alle Rezepte aus diesem Buch ganz einfach und sicher gelingen. Die Geling-Garantie startet schon bei der Zutatenliste: Alle Zutaten, die wir verwenden, sollten Sie leicht in Ihrem Supermarkt vor Ort einkaufen können. Jeder Zubereitungsschritt ist klar und einfach nachvollziehbar.

Eine Garantie können wir Ihnen aber auch deshalb mit gutem Gewissen geben, weil alle Rezepte dieses Buches von unserem erfahrenen Team entwickelt wurden. Anschließend haben wir jedes Gericht in einer ganz normalen Küche nachgekocht oder nachgebacken. Immer wieder. So lange, bis wir uns sicher waren, dass es gelingt. Und zwar auch bei Ihnen zu Hause.

Was wir versprechen, halten wir auch. Sollte beim Kochen oder Backen eines unserer Rezepte dennoch etwas danebengehen oder es Ihnen einfach nicht schmecken, dann lassen Sie es uns wissen. Schreiben Sie oder rufen Sie uns an! Wir werden das Rezept nochmals kritisch prüfen und Ihnen helfen herauszufinden, woran es gelegen haben könnte. Sie erreichen uns unter der Telefonnummer +49(0)89/5482515-0
Oder schreiben Sie uns eine E-Mail unter:
redaktion-oetker@edel.com

Natürlich freuen wir uns aber auch über weitere Rückmeldungen und über Lob. Ihre Ideen, Kommentare und Fragen können Sie jederzeit auch über Facebook posten:
www.facebook.com/Dr.OetkerVerlag

Wir sind für Sie da. Garantiert.

Mit herzlichen Grüßen
Ihre Dr. Oetker Redaktion

ALLGEMEINE HINWEISE ZU DEN REZEPTEN

Lesen Sie bitte vor der Zubereitung – besser noch vor dem Einkauf – das Rezept einmal vollständig durch. Oft werden Arbeitsabläufe oder -zusammenhänge dann klarer.

PORTIONSANGABEN

Die Anzahl der Portionen finden Sie in jedem Rezept ausgewiesen.

ARBEITSSCHRITTE

Die Zutaten sind in der Reihenfolge ihrer Verarbeitung aufgeführt. Jeder Arbeitsschritt ist einzeln hervorgehoben und extra nummeriert. So haben wir die Rezepte für Sie auch entwickelt und ausprobiert.

ZUBEREITUNGSZEIT UND GARZEIT

Die angegebene Zubereitungszeit schließt die Dauer der Vorbereitung und die eigentliche Zubereitung mit ein. Sie ist ein Richtwert und kann je nach individuellem Geschick oder Übung natürlich ein wenig variieren. Längere Wartezeiten wie zum Beispiel Kühl- oder Abkühlzeiten oder auch Auftauzeit sind in der Regel nicht in der Zubereitungszeit enthalten. Einzige Ausnahme: In dieser Zeit sind parallel andere Arbeitsschritte zu tun. Die Garzeiten sind gesondert ausgewiesen. Bei einigen Rezepten setzt sich die Gesamt-Garzeit aus mehreren Teil-Garzeiten zusammen.

BACKOFENEINSTELLUNG UND BACKZEITEN

Die in den Rezepten angegebenen Backtemperaturen und Backzeiten sind Richtwerte, die je nach individueller Hitzeleistung Ihres Backofens über- oder unterschritten werden können. Prüfen Sie nach Beendigung der angegebenen Backzeit, ob das Gericht gar ist, bzw. machen Sie bei Teigen eine Garprobe. Die Temperaturangaben in diesem Buch beziehen sich auf Elektrobacköfen. Die Temperatur-Einstellungsmöglichkeiten für Gasbacköfen variieren je nach Hersteller, sodass wir keine allgemeingültigen Angaben machen können. Bitte beachten Sie deshalb bei der Einstellung des Backofens die Gebrauchsanleitung des Herstellers. Ein Backofenthermometer eignet sich dabei gut, um die Backofentemperatur im Blick zu haben.

EINSCHUBHÖHE

In den Rezepten in diesem Buch ist die Einschubhöhe immer dann die Mitte des Backofens, wenn nichts anderes angegeben ist.

HINWEISE ZU DEN NÄHRWERTEN

Bei den Nährwertangaben in den Rezepten handelt es sich um auf- bzw. abgerundete ganze Werte. Aufgrund von ständigen Rohstoffschwankungen und/oder Rezepturveränderungen bei Lebensmitteln kann es zu Abweichungen kommen. Die Nährwertangaben dienen daher lediglich Ihrer Orientierung und eignen sich nur bedingt für die Berechnung eines Diätplans.

ABKÜRZUNGEN:

EL	Esslöffel
TL	Teelöffel
Msp.	Messerspitze
Pck.	Packung/Päckchen
g	Gramm
kg	Kilogramm
ml	Milliliter
l	Liter
evtl.	eventuell
geh.	gehäuft
gem.	gemahlen
ger.	gerieben
gestr.	gestrichen
TK	Tiefkühlprodukt
°C	Grad Celsius
Ø	Durchmesser
cm	Zentimeter
E	Eiweiß
F	Fett
Kh	Kohlenhydrate
kcal	Kilokalorien

INHALT

RATGEBER 6

SALATE & BOWLS 14

SUPPEN & EINTÖPFE 42

AUS DEM BACKOFEN 74

NUDEL- & REISGERICHTE 118

AUS DER PFANNE 142

REGISTER / IMPRESSUM 180

WORAUF VEGETARIER ACHTEN MÜSSEN

Vegetarier verzichten bewusst auf Fleisch, Geflügel, Fisch, daraus hergestellte Produkte und Zutaten, die Bestandteile toter Tiere enthalten. Wer abwechslungsreich isst, zu reichlich Gemüse, Obst, Hülsenfrüchten, Vollkornprodukten, Nüssen und Saaten greift und den Speiseplan mit Milchprodukten, Eiern und Pflanzenölen ergänzt, ist meist auch ohne Fleisch und Fisch gut mit Eiweiß, Fett, Kohlenhydraten, Vitaminen und Mineralstoffen versorgt und tut seiner Gesundheit damit zudem viel Gutes. Denn zahlreiche Studien haben mittlerweile gezeigt:

DIE GRUNDFORMEN DES VEGETARISMUS

Ovo-Lacto-Vegetarier verzichten auf Fleisch und Fleischprodukte, Fisch und Meerestiere. Produkte von lebenden Nutztieren, etwa Milch, Milchprodukte (z. B. Quark, Joghurt, Sahne, Butter), Eier und Honig hingegen ergänzen die pflanzliche Kost.

Lacto-Vegetarier verzichten im Gegensatz zu Ovo-Lacto-Vegetariern zusätzlich auf Eier, Ovo-Vegetarier hingegen auf Milchprodukte.

Veganer lehnen generell alle tierischen Produkte ab, auch wenn sie von lebenden Tieren stammen – neben Milchprodukten und Eiern steht also auch kein Honig auf dem Speisezettel.

Vegetarier haben im Vergleich zu „Fleischessern" ein geringeres Risiko für ernährungsabhängige Zivilisationskrankheiten wie Diabetes, Bluthochdruck, Herz-Kreislauf-Erkrankungen oder Übergewicht.

Problematische Nährstoffe

Je nachdem, wie streng Sie auf tierische Produkte verzichten, müssen Sie mehr oder weniger Augenmerk auf die Versorgung mit lebenswichtigen Nährstoffen legen. Je weniger tierische Produkte auf den Tisch kommen, desto schwieriger wird es – denn Eier oder Milchprodukte liefern mit hochwertigem Eiweiß, Vitamin B_{12} und Mineralstoffen wie Kalzium oder Eisen auch wichtige Stoffe, die sich in pflanzlichen Lebensmitteln rar machen oder die der Körper daraus nur schlecht aufnehmen kann. Als Vegetarier sollten Sie deshalb ein paar Nährstoffe immer besonders gut im Blick haben.

EIWEISS

Die Zufuhr von Eiweiß über die Nahrung ist notwendig für den Erhalt der körpereigenen Proteine, den Muskelaufbau, die Immunabwehr und die Energiezufuhr. Tierische Lebensmittel liefern besonders wertvolles und gut verfügbares Eiweiß – wer Milchprodukte und/oder Eier isst, ist also meist gut versorgt. Doch eine Deckung des Bedarfs ist auch mit pflanzlichen Produkten wie Hülsenfrüchten, Getreide, Nüssen, Saaten und Kartoffeln möglich. Durch die Kombination verschiedener pflanzlicher Eiweißquellen lässt sich die Eiweißqualität verbessern und Ihr Körper profitiert bestmöglich vom jeweils enthaltenen Eiweiß (siehe Seite 7 Kasten).

VITAMIN B_{12}

Vitamin B_{12} spielt u. a. eine wichtige Rolle bei der Zellteilung, der Blutbildung und dem Fett- und Eiweißstoffwechsel. Es steckt vor allem in Innereien, Fleisch, Fisch, Milch und Milchprodukten sowie Eiern, in pflanzlichen Lebensmitteln kommt es kaum vor. Wer regelmäßig zu Milchprodukten und Eiern greift, ist meist ausreichend über die Nahrung mit Vitamin B_{12} versorgt, Veganer hingegen können ihren Bedarf nur durch Einnahme eines Vitamin-B_{12}-Präparats decken.

EISEN

Das Spurenelement ist wichtig für den Sauerstofftransport im Blut. Fleisch und Fisch liefern Eisen in einer Form, die der Körper optimal verwerten kann. Für Vegetarier sind Getreide (Vollkorn-Haferflocken, Hirse), Hülsenfrüchte (Linsen, Kichererbsen), Gemüse (Erbsen, Dicke Bohnen, Fenchel, Feldsalat), Nüsse und getrocknete Früchte sehr gute Lieferanten. Da der Mineralstoff aus pflanzlichen Lebensmitteln schlechter verwertbar ist, empfiehlt es sich, gleichzeitig Vitamin-C-reiche Lebensmittel zu verzehren, mit denen sich die Verfügbarkeit von Eisen verbessern lässt – trinken Sie z. B. ein Glas Orangensaft zum Essen.

KALZIUM

Der Mineralstoff ist u. a. ein wichtiger Baustein für Knochen und Zähne. Neben Milch und Milchprodukten – den Kalziumlieferanten Nummer 1 – sind auch manche Gemüsesorten, etwa Brokkoli und Grünkohl, Nüsse, Hülsenfrüchte und Mineralwasser (auf mindestens 250 mg Kalzium pro Liter achten) gute Kalziumquellen. Schon mit 250 ml Milch, 2 Scheiben Emmentaler (50 g) und 150 g Naturjoghurt kann ein Erwachsener die empfohlene Menge von 1000 mg Kalzium am Tag decken.

OMEGA-3-FETTSÄUREN

Omega-3-Fettsäuren, zu denen Alpha-Linolensäure (ALA), Eicosapentaensäure (EPA) und Docosahexaensäure (DHA) zählen, spielen u. a. eine wichtige Rolle im Stoffwechsel sowie bei der Immunabwehr und wirken entzündungshemmend. Fetter Meeresfisch, der eine gute Quelle für Omega-3-Fettsäuren ist, fällt bei Vegetariern weg. Als pflanzliche Quellen für ALA bieten sich Lein-, Walnuss- und Rapsöl sowie Nüsse an. Aus diesen kann der Körper in geringen Mengen auch DHA und EPA herstellen, das Bundeszentrum für Ernährung empfiehlt Vegetariern jedoch zur Versorgung die Verwendung von Produkten, die mit Mikroalgen angereichert sind.

JOD

Das Spurenelement beeinflusst unseren Stoffwechsel und ist vor allem in Meeresfisch enthalten, auch Milch und Eier liefern kleine Mengen. Die Versorgung ist bei uns auch bei Mischkost schon problematisch, umso mehr bei Vegetariern. Verwenden Sie möglichst jodiertes Salz.

EIWEISSQUELLEN GESCHICKT KOMBINIEREN

Jedes Eiweiß besteht aus verschiedenen Bausteinen, den sogenannten Aminosäuren. Je nach Zusammensetzung kann der Mensch davon mehr oder weniger in körpereigenes Eiweiß umwandeln, im Allgemeinen ist tierisches Eiweiß besser verwertbar als pflanzliches.
Durch die Kombination verschiedener Lebensmittel lässt sich die biologische Wertigkeit, die als Maß zur Beurteilung der Qualität eines Eiweißes dient, von pflanzlichem Eiweiß erhöhen. Wertvolle Kombinationen sind:

- Getreide + Hülsenfrüchte, z. B. Linsen-Hirse-Topf
- Getreide oder Kartoffeln + Ei, z. B. Pfannkuchen
- Getreide oder Kartoffel + Milchprodukt, z. B. Kartoffeln + Quark
- Soja + Reis oder Ei, z. B. gebratener Reis
- Hülsenfrüchte + Nüsse/Samen, z. B. Linsenpasta mit Cashewpesto

ZUTATENWISSEN FÜR DIE VEGGIE-KÜCHE

Tierische Zutaten erkennen

Bei verarbeiteten Produkten ist es nicht immer einfach, zu erkennen, ob tierische Bestandteile enthalten sind oder bei der Herstellung verwendet wurden, auch Zusatzstoffe können tierischen Ursprungs sein. Wer sichergehen will, muss beim Hersteller nachfragen oder zu speziell gekennzeichneten Produkten greifen, z. B. zu Waren mit dem gelben „Vegetarisch"- oder „Vegan"-Label. Nachfolgend haben wir für Sie Lebensmittel aufgelistet, die besonders oft von versteckten tierischen Bestandteilen betroffen sind.

KÄSE

Achten Sie beim Kauf von Käse auf Produkte, die mit mikrobiellem oder pflanzlichem Lab hergestellt wurden. Bei vielen traditionellen Käsesorten wie Parmesan, Pecorino oder Gorgonzola wird die Milch mit tierischem Lab dickgelegt, das aus Kälbermägen stammt. Da die Hersteller Lab zwar immer häufiger auf ihren Zutatenliste aufführen, dies aber nicht unbedingt müssen, gilt im Zweifel: Es wurde tierisches Lab verwendet. Fragen Sie gegebenenfalls beim Produzenten nach. Als Ersatz für italienische Hartkäse wie Parmesan oder Pecorino eignet sich Montello, den es in Bioläden oder größeren Supermärkten gibt. Viele andere Käsesorten wie Emmentaler, Gouda oder Mozzarella erhalten Sie meist problemlos ohne tierisches Lab. Frischkäsezubereitungen können zum Andicken Gelatine enthalten – da die Hersteller diese aber auf der Zutatenliste aufführen müssen, können Sie dies leicht erkennen.

FRUCHTSAFT, WEIN UND ESSIG

Zum Klären von Fruchtsäften, Wein und daraus hergestelltem Essig kommt häufig Hühnereiweiß oder Gelatine zum Einsatz. Gelatine wird aus dem Bindegewebe von Rindern

oder Schweinen gewonnen – wer hundertprozentig vegetarisch essen möchte, sollte also bei diesen Produkten aufpassen. Was zum Klären verwendet wurde, muss allerdings nicht auf der Flasche stehen. Bei Säften können Sie zur naturtrüben Variante greifen, ansonsten heißt es: Auch bei Saft, Essig und Wein am besten entsprechend gekennzeichnete Produkte wählen oder eventuell beim Hersteller nachfragen.

FERTIGPRODUKTE

Hier müssen Sie grundsätzlich gut aufpassen, denn von Joghurtzubereitungen oder Dessert über Backwerk bis hin zu (Würz-)Saucen können Bestandteile toter Tiere enthalten sein, z. B. Gelatine oder Schweineschmalz. Senf und viele Fertigsaucen wie Ketchup oder Barbecuesaucen enthalten Essig, der eventuell mit Gelatine geklärt wurde (siehe oben).

VEGANER: EXTRA AUFPASSEN!

Für Veganer gibt es noch viele weitere versteckte Bestandteile, da bei ihnen auch Produkte von lebenden Tieren nicht auf den Tisch kommen:

UMAMI FÜR HERZHAFTEN GESCHMACK

Süß, sauer, salzig, bitter – diese Geschmacksrichtungen kennt jedes Kind. Aber was verbirgt sich hinter dem Geschmack „Umami"? Der Begriff wurde vom japanischen Chemiker Kikunae Ikeda geprägt, der den Stoff Glutaminsäure aus Algen isolierte. Er fand heraus, dass dieser für einen sehr speziellen Geschmack verantwortlich ist, der sich übersetzt am ehesten mit „fleischig", „herzhaft" oder „würzig" beschreiben lässt. Proteinreiche Lebensmittel wie Hülsenfrüchte, Käse und fermentierte Produkte wie Sojasauce, aber auch getrocknete Tomaten und Pilze enthalten von Natur aus viel Glutaminsäure und eignen sich deshalb sehr gut dazu, vegetarischen Gerichten eine herzhafte Note zu verleihen.

Eier sind oft in Nudeln und Gebäck verarbeitet, Milch verbirgt sich als Zucker, Molke oder Eiweißpulver in vielen Produkten, ebenso wie Butter, Margarine mit tierischem Fett oder Milchfett und Milchzucker oder Honig. Sogar Gemüsebrühe kann tierische Bestandteile enthalten – diese können Sie aber leicht nach eigenem Geschmack auf Vorrat zubereiten (Rezepte siehe Seiten 12 und 13).

Basiszutaten

Fleisch, Fisch und Wurstwaren müssen nicht sein, um richtig herzhafte Gerichte auf den Tisch zu bringen. Die große Vielfalt an Lebensmitteln mit viel Eigenaroma und Würzzutaten sowie die Art der Zubereitung machen es leicht, auch in der vegetarischen Küche für deftig-würzigen Umami-Geschmack zu sorgen.

GEMÜSE & PILZE

Gemüse aller Art ist das „Herz" der vegetarischen Küche und spielt meist die Hauptrolle. Von der Aubergine bis zur Zwiebel gilt: Braten, Grillen, Rösten oder Schmoren kitzelt die Eigenaromen der jeweiligen Gemüsesorte besonders gut heraus und intensiviert sie. Pilze sorgen durch ihren natürlichen Gehalt an Glutaminsäure für einen herzhaften Umami-Geschmack (siehe Seite 8 Kasten). Kleine Aromabomben sind auch zarte Keimlinge („Sprossen"), die sich als Topping für Salate oder Brote eignen – mit ihrem hohen Gehalt an Vitaminen und Mineralstoffen leisten sie zudem einen guten Beitrag zur Nährstoffversorgung.

HÜLSENFRÜCHTE

Ihr hoher Eiweißgehalt macht Hülsenfrüchte für Vegetarier besonders wertvoll und nahezu unverzichtbar. Doch wie alle proteinreichen Lebensmittel sorgen Hülsenfrüchte insbesondere auch für einen herzhaften Umami-Geschmack, egal ob Bohnenkerne oder Linsen. Getrocknete Hülsenfrüchte sind besonders ergiebig und preiswert, müssen jedoch meist eingeweicht werden und lang kochen (siehe Kasten rechts). Viele Bohnensorten und Kichererbsen gibt es für die schnelle Küche aber auch fertig gegart in Konserven. Da sich sowohl Trocken- als auch Konservenware sehr gut lagern lassen und hinsichtlich der Nährwerte vergleichbar sind, lohnt sich ein kleiner Vorrat von beidem.

HÜLSENFRÜCHTE KOCHEN

- Während Linsen auch ohne Einweichen in 30–60 Minuten weich garen, sollten Bohnen und Kichererbsen zunächst 8–12 Stunden in Wasser quellen. Dann in reichlich Wasser je nach Packungsanleitung garen, je nach Sorte 1–2 Stunden.
- Das Einweichwasser können Sie auch zum Kochen verwenden (Ausnahme: Lima- und Urdbohnen, da diese giftige Blausäure ans Wasser abgeben). Wer zu Blähungen neigt, sollte stets frisches Wasser nehmen – im Einweichwasser sind blähungsfördernde Kohlenhydrate gelöst. Gewürze oder Kräuter, etwa Kümmel oder Majoran, verbessern die Verträglichkeit.
- Früher hieß es oft: Salz erst nach dem Garen zugeben, sonst bleiben die Hülsenfrüchte hart. Mittlerweile weiß man: Salz macht die Zellwände weich und beschleunigt den Garprozess. Durch Säure hingegen bleiben die Kerne hart – Essig deshalb erst zum Schluss dazugeben.

GETREIDE & PSEUDOGETREIDE

Nudeln und Reis sind eine gute Basis für Veggie-Gerichte. Doch es lohnt sich, auf Entdeckertour zu gehen: Bulgur, Hirse, Amarant und Buchweizen oder Grünkern(schrot) sind schnell gegart und eignen sich perfekt für Salate, Bratlinge, Pfannengerichte oder Aufläufe. Neben Kohlenhydraten, Ballaststoffen und Eiweiß liefern die kleinen Körner auch viele Mineralstoffe und Vitamine. Hirse und Amarant sind z. B. gute Eisenquellen. Wer bei Getreide und Pseudogetreide oft abwechselt, profitiert optimal von den unterschiedlichen Nährstoffprofilen.

MILCH & MILCHPRODUKTE

Für eine optimale Versorgung mit gut verwertbarem Eiweiß, Mineralstoffen wie dem knochenstärkenden Kalzium sowie mit B-Vitaminen sind drei Portionen Milch oder Milchprodukte täglich empfehlenswert. Joghurt, saure Sahne, Crème fraîche oder Sahne runden zudem die Konsistenz und den Geschmack vieler Gerichte und vor allem von Saucen ab. Wer auf Milchprodukte ganz verzichtet und zu pflanzlichen Ersatzprodukten wie Pflanzendrinks oder Joghurtalternativen greift, sollte mit Mineralstoffen und Vitaminen angereicherte Produkte wählen. Strikte Vegetarier müssen bei Käse aufpassen, da viele Sorten mit tierischem Lab hergestellt werden (siehe Seite 8).

ÖLE & FETTE

Mit einem hitzebeständigen Pflanzenöl zum Braten, einem nativen Olivenöl für warme und kalte Gerichte und einem neutralen Pflanzenöl sowie einem Nuss- oder Leinöl für Salate sind Sie für alle Fälle gewappnet und versorgen sich mit vielen gesunden Fettsäuren. Das Einlegeöl von getrockneten Tomaten oder Fetakäse bringt eine Extraportion Umami-Geschmack an vegetarische Gerichte und wird deshalb am besten immer mit verwendet. Butter oder Margarine ergänzen das Fettsortiment und runden die eine oder andere Speise geschmacklich ab.

NÜSSE & SAMEN

Ob als Topping auf Salaten oder Zutat in Saucen und Füllungen – Nüsse, Mandeln und Samen aller Art bereichern die vegetarische Küche nicht nur mit ihrer großen Geschmacksvielfalt, sondern auch mit ihrem exzellenten Nährstoffprofil. Mit ihrem hohen Gehalt an gesunden Fettsäuren, Eiweiß, Ballaststoffen, Mineralstoffen und Vitaminen sollte am besten täglich eine kleine Portion davon mit auf dem Speiseplan stehen. Durch Anrösten in einer Pfanne ohne Fett (mittlere Hitze) entfalten die Nüsse und Samen ihr spezielles Aroma ganz besonders gut. Eine größere Menge für den Vorrat lässt sich gut im Backofen (etwa 150°C) rösten. Luftdicht verschlossen lagern!

Ersatz für Fleisch

TOFU UND TOFUPRODUKTE

Für Tofu werden eingeweichte Sojabohnen mit Wasser fein püriert und der feste Faserteil abgetrennt. Die so gewonnene Flüssigkeit stockt mithilfe eines Gerinnungsmittels und wir dann zu Tofublöcken gepresst. Seidentofu hat eine zartcremige und feinere Konsistenz und schmeckt weicher und samtiger als fester Tofu. Da Tofu natur kaum Eigengeschmack hat, eignet er sich für vielfältige Zubereitungen: Er kann mariniert, gekocht, gebraten, überbacken oder frittiert werden, er schmeckt in Suppen, auf Pizza, verfeinert Saucen und Dips oder wird mit Gewürzen und Gemüsen herzhaft kombiniert. In veganen Rezepten dient er als Ersatz für Quark, Joghurt oder Sahne. In vielen herzhaften vegetarischen Gerichten kommen auch geräucherter Tofu oder Tofuwürstchen in Topf oder Pfanne – mit Rauchnote oder typischen Wurstgewürzen wie etwa Majoran ersetzen sie z. B. geräucherte Wurstwaren in Eintöpfen.
Als sehr eiweißreiches Produkt ist Tofu nach dem Öffnen der Packung nur wenige Tage haltbar – riecht er muffig, sieht grau aus oder hat sich die Konsistenz verändert, sollten Sie ihn entsorgen.

SOJASCHNETZEL (SOJAGRANULAT)

Mit dem aus entfettetem Sojamehl hergestellten Trockenprodukt in Form von „Schnetzeln“ oder Granulat kommt das „Hackfleisch“ ins vegetarische Chili oder die Sauce bolognese – kräftig deftig gewürzt sind die Gerichte dann in Konsistenz und Geschmack verblüffend ähnlich, selbst passionierte Fleischesser merken kaum einen Unterschied.
Die Zubereitung ist denkbar einfach: Nach Packungsanleitung in Wasser einweichen und weiterverwenden.

SEITAN

Seitan ist ein pflanzliches Produkt aus Gluten, dem wasserunlöslichen Klebereiweiß des Weizenmehls. Seitan ist eiweißreicher und fettärmer als Tofu und erinnert mit seiner bissfesten Konsistenz stark an Fleisch. Geschmacklich ist es zunächst neutral, erst durch Würzen und Marinieren und anschließendes Backen, Braten, Kochen oder Grillen wird es zum herzhaften Veggie-„Fleisch". Im Kühlregal findet sich inzwischen eine große Bandbreite an Seitanprodukten wie Seitan natur, Aufschnitt, Bratlinge, Frikadellen, Hacksteaks, Schnitzel. Eine preiswerte Alternative zu fertig gekauftem Seitan ist Glutenpulver, das (nach Packungsanleitung) mit Wasser angerührt und anschließend gegart wird, um die „fleischige" Konsistenz zu bekommen. Achtung: Wer unter einer Glutenunverträglichkeit leidet, darf keinen Seitan essen!

Herzhaft gewürzt

GEWÜRZE

Ohne Gewürze geht es (auch) in der herzhaften vegetarischen Küche nicht. Mit ein paar Standardgewürzen wie Pfeffer, Currypulver, Kümmel oder Cayennepfeffer haben Sie schon eine solide Basis, für viele Gerichte reichen sie aus. Doch gerade in der Veggie-Küche liegt das Geschmacksgeheimnis oft in einer Extraprise: (Hickory-)Rauchsalz, geräuchertes Paprikapulver oder getrocknete Pilze bringen Umami-Aromen ins Essen und mit Kreuzkümmel, Garam Masala, Schwarzkümmel oder Ingwer kommt ein Hauch Exotik ins Spiel.

WÜRZE MAL ANDERS

Es müssen nicht immer Gewürze oder spezielle Würzsaucen sein: Kapern, Oliven, getrocknete Tomaten oder Peperoni können mit ihrem Eigengeschmack oder der Art, wie sie eingelegt sind, ebenfalls zu einem herzhaften Geschmackserlebnis beitragen. Hefeflocken wirken wie ein Geschmacksverstärker und mit säurereichen Zutaten wie Essig und Zitronensaft oder etwas Süßungsmittel lässt sich das Aroma eines Essens am Ende nochmals abrunden oder unterstreichen.

GEMÜSEBRÜHE, WÜRZSAUCEN UND -PASTEN

Gemüsebrühe kommt quasi als Grundwürze in viele vegetarische Gerichte. Selbst gekocht schmeckt sie natürlich am besten, denn dann wissen Sie sicher, was drinsteckt (siehe Seiten 12 und 13). Doch auf die Schnelle hat man die oft nicht zur Hand oder man braucht nur eine kleine Menge. Instant-Gemüsebrühe oder Gemüsefond aus dem Glas sind in diesen Situationen eine akzeptable Alternative. Wer dann noch die eine oder anderen Würzsauce oder -paste im Vorrat hat, kann schnell und unkompliziert herzhaften Geschmack ins Essen zaubern – neben Sojasauce sind Worcestersauce, Teriyaki-Sauce, Barbecuesauce, Tomatenketchup und Wasabipaste echte Geschmacksbooster. Denken Sie hier beim Kauf daran: Als Fertigprodukte können sowohl Brühe als auch Würzsaucen und -pasten evtl. tierische Bestandteile enthalten (siehe Seite 8).

KRÄUTER

Viele Gerichte bekommen auch erst durch Kräuter den richtigen „Pfiff". Gleichzeitig werten die grünen Aromabomben das Nährstoffprofil in puncto Vitamine und Mineralstoffe auf und verhelfen z. B. Hülsenfrüchten zu besserer Bekömmlichkeit. Neben den Allroundern Petersilie und Schnittlauch helfen insbesondere sehr geschmacksintensive Vertreter wie Liebstöckel (umgangssprachlich oft „Maggikraut" genannt), Majoran, Oregano, Kerbel, Koriander, Thymian, Rosmarin oder Salbei den vegetarischen Gerichten herzhaft auf die Sprünge. Zarte und sensible Kräuter wie Kerbel, Petersilie oder Schnittlauch kommen erst ganz zum Schluss ans Essen, robuste Vertreter wie Liebstöckel oder Rosmarin werden oft mitgegart.

TIPPS RUND UM GEWÜRZE UND KRÄUTER

- Falls möglich, immer zu ganzen Gewürzen greifen, gemahlene verlieren schnell an Aroma. Luftdicht verschlossen, dunkel, trocken und kühl gelagert sind Pfefferkörner und Co. oft mehrere Jahre haltbar, bereits gemahlene Gewürze sollten Sie nach Öffnen der Packung innerhalb weniger Monate aufbrauchen.
- Idealerweise hat man einige Kräuter im eigenen Garten oder im Topf auf der Fensterbank zur frischen Ernte. Bundware hält sich luftdicht in einer Vorratsdose oder einem Gefrierbeutel verpackt ein paar Tage.
- Kräuter stets erst kurz vor der Verwendung mit einem scharfen Messer klein schneiden, für Schnittlauch eignet sich dafür auch eine Schere.

GRUNDREZEPT GEMÜSEBRÜHE

VEGAN

ZUBEREITUNGSZEIT:
30 Minuten

GARZEIT:
60 Minuten

ZUTATEN FÜR ETWA 2 LITER

1 Bio-Zwiebel
1 Knoblauchzehe
mindestens 800 g Putzabschnitte von Bio-Gemüse (siehe Tipp; klein geschnitten)
Salz
1 TL schwarze Pfefferkörner
1 Lorbeerblatt

NACH BELIEBEN ZUSÄTZLICH:
einige Zweige Thymian
2 Gewürznelken
2–3 Pimentkörner
1–2 EL getrocknete Pilze
gem. Pfeffer
Soja- oder Worcestersauce

INSGESAMT:
E: 5 g, F: 1 g, Kh: 3 g, kcal: 40

1. Die Zwiebel waschen, trocken tupfen und mit der Schale halbieren. Einen Suppentopf erhitzen. Zwiebelhälften darin ohne Fett auf den Schnittflächen kräftig braun anrösten. Mit etwa 2 l Wasser ablöschen.

2. Den Knoblauch abziehen und halbieren. Gemüse-Putzabschnitte und Knoblauch in den Topf geben. Etwa 2 Teelöffel Salz, Pfeffer, Lorbeerblatt und nach Belieben weitere Gewürze und ggf. getrocknete Pilze dazugeben. Zum Kochen bringen und bei schwacher bis mittlerer Hitze etwa 60 Minuten köcheln.

3. Die Brühe durch ein feines Sieb in einen weiteren Topf gießen. Mit Salz, Pfeffer und nach Belieben Soja- oder Worcestersauce abschmecken.

4. Die Brühe in gut schließende Flaschen oder Gläser abfüllen und auskühlen lassen. Im Kühlschrank ist sie etwa 1 Woche haltbar.

TIPP:
Als Basis für die Brühe kommen die Putzabschnitte von fast jedem Gemüse infrage, z. B. Möhre, Stauden- und/oder Knollensellerie, Lauch, Weiß-, Spitz-, China- oder Wirsingkohl, Fenchel, Kräuterstiele, Tomatenkerne, Spargelschalen, Pastinake, Kohlrabi, Brokkoli, Pilzabschnitte, Zwiebelschalen, Blumenkohlstrunk, Zucchini.
Wer keine Putzabschnitte hat, kann Suppengemüse (Bundware) verwenden.

GEMÜSEBRÜHE-WÜRZE

1. Knoblauch und Zwiebeln abziehen und grob zerkleinern. Gemüse und Kräuter putzen, gründlich waschen, abtropfen lassen und ebenfalls grob zerkleinern. Das vorbereitete Gemüse portionsweise in einem Blitzhacker fein zerkleinern.

2. Die Gemüsemischung abwiegen. Pro 100 g Gemüsemischung 10–12 g Salz dazugeben und alles gut vermischen. Die Gemüsebrühewürze fest in vorbereitete Gläser füllen. Die Gläser gut verschließen.

TIPPS:
Die Gemüsebrühewürze hält sich im Kühlschrank aufbewahrt etwa 6 Monate. So haben Sie immer die Basis für eine Brühe zur Hand (dafür einfach mit kochendem Wasser aufgießen) oder können zum Würzen etwas davon unter ein Gericht rühren.
Verwenden Sie zum Entnehmen von Gemüsebrühewürze stets einen sauberen Löffel, um Verunreinigungen zu vermeiden.

VEGAN

ZUBEREITUNGSZEIT:
15 Minuten

ZUTATEN FÜR 3 GLÄSER À ETWA 300 ML

2 Knoblauchzehen
2 Zwiebeln (etwa 120 g)
500 g Bio-Gemüse und -Kräuter (z. B. Kohl, Lauch, Petersilie, Fenchel, Kohlrabi, Pastinake, Sellerie, Petersilienwurzel; auch schöne Abschnitte)
etwa 60 g Salz

ZUSÄTZLICH:
3 dicht schließende Gläser (je etwa 300 ml Inhalt)

PRO GLAS:
E: 3 g, F: 0 g, Kh: 15 g, kcal: 88

SALATE & BOWLS

NUDELSALAT MIT GEMÜSE

ZUBEREITUNGSZEIT:
60 Minuten

ZUTATEN FÜR 4 PORTIONEN

Salz
250 g kleine Nudeln, z. B. Mini-Penne, Trulli oder Farfalle
30 g Pinienkerne
350 g Brokkoli
2 Frühlingszwiebeln
4 kleine Tomaten (etwa 300 g)
1 kleiner Topf Basilikum
80 g Babyspinat
4–5 EL Olivenöl
gem. Pfeffer
25 g Hartkäse am Stück

PRO PORTION:
E: 15 g, F: 18 g, Kh: 49 g, kcal: 434

1. In einem großen Topf 2,5 l Wasser zugedeckt zum Kochen bringen.
2 gestrichene Teelöffel Salz und die Nudeln hineingeben. Die Nudeln im geöffneten Topf bei mittlerer Hitze nach Packungsanleitung bissfest kochen, dabei gelegentlich umrühren. In ein Sieb abgießen, mit kaltem Wasser abbrausen und abkühlen, dann gut abtropfen lassen.

2. Inzwischen die Pinienkerne in einer beschichteten Pfanne ohne Fett unter Rühren goldbraun rösten. Auf einem Teller abkühlen lassen.

3. Vom Brokkoli die Blätter entfernen, die Röschen abschneiden. Den Strunk schälen, in Scheiben schneiden, mit den Röschen abspülen und abtropfen lassen. In einem kleinen Topf Salzwasser (1 gestrichener Teelöffel Salz auf 1 l Wasser) zum Kochen bringen. Brokkoliröschen und -scheiben darin in etwa 5 Minuten bissfest garen. In ein Sieb abgießen, mit kaltem Wasser abbrausen und abtropfen lassen.

4. Die Frühlingszwiebeln putzen, abspülen, abtropfen lassen und in feine Scheiben schneiden. Die Tomaten abspülen, abtrocknen und vierteln, dabei die Stielansätze herausschneiden. Die Tomatenviertel entkernen und in kleine Würfel schneiden.

5. Basilikum abspülen und trocken tupfen. Blättchen abzupfen, einige zum Garnieren beiseitelegen, übrige fein schneiden. Spinat verlesen, waschen und sehr gut abtropfen lassen.

6. Die Nudeln in einer Salatschüssel vorsichtig mit Brokkoli, Frühlingszwiebeln, Tomaten, Basilikum, Spinat und Olivenöl mischen. Den Salat mit Salz und Pfeffer abschmecken.

7. Die Pinienkerne unter den Salat heben. Den Salat anrichten, den Käse (oder die Käsealternative) darüberhobeln oder -raspeln. Mit beiseitegelegtem Basilikum garnieren.

TIPPS:
Wenn Sie den Käse weglassen oder durch eine vegane Alternative ersetzen, eignet sich der Salat auch für Veganer.
Gegarte Nudeln für Salat stets mit kaltem Wasser abspülen, damit sie ihren Biss behalten und nicht weitergaren.
Der Nudelsalat schmeckt besonders gut, wenn er 2–3 Stunden im Kühlschrank durchziehen kann. Dann Basilikum und Spinat erst vor dem Servieren untermischen.

REZEPTVARIANTE:
Für **Nudelsalat mit Paprika** 1 große Paprikaschote (etwa 250 g, gelb- oder orangefarben) längs halbieren, entstielen und entkernen, dabei auch die weißen Scheidewände entfernen. Die Schotenhälften abspülen, abtropfen lassen und fein würfeln. Die Paprikawürfel anstelle des Brokkolis mit den übrigen Zutaten unter die Nudeln mischen.

KARTOFFELSALAT MIT PESTO

VEGAN

ZUBEREITUNGSZEIT:
20 Minuten

GARZEIT:
15–20 Minuten

ZIEHZEIT:
60 Minuten

ZUTATEN FÜR 4 PORTIONEN

1 kg festkochende Kartoffeln
Salz
180 g getrocknete Tomaten in Öl (aus dem Glas)
90 g grünes Pesto (nach Belieben vegan)
etwa 3 EL Zitronensaft
gem. Pfeffer
2–3 EL Tomatenöl (aus dem Glas)
evtl. einige Basilikumblättchen

PRO PORTION:
E: 10 g, F: 19 g, Kh: 47 g, kcal: 413

1. Die Kartoffeln gründlich waschen, abbürsten, knapp mit Wasser bedeckt in einen großen Topf geben und zugedeckt zum Kochen bringen. 1 Teelöffel Salz hinzufügen und die Kartoffeln je nach Größe in 15–20 Minuten gar kochen. Dann die Kartoffeln in ein Sieb abgießen, mit kaltem Wasser abschrecken und abtropfen lassen.

2. Die eingelegten Tomaten in einem Sieb abtropfen lassen, dabei das Tomatenöl auffangen. Die Tomaten evtl. etwas kleiner schneiden.

3. Das Pesto mit dem Zitronensaft in einer großen Schüssel verrühren. Die Kartoffeln ungepellt halbieren oder vierteln (je nach Größe) und ebenfalls in die Schüssel geben. Die Tomaten dazugeben und alles vorsichtig vermischen.

4. Den Kartoffelsalat mit Salz, Pfeffer und etwas Tomatenöl abschmecken. Den Salat zugedeckt etwa 60 Minuten durchziehen lassen.

TIPP:
Achten Sie darauf, für den Salat nur Kartoffeln mit einer Schale ohne grüne Stellen oder Keimansätzen zu verwenden – am besten eignen sich neue Kartoffeln, die meist auch eine besonders dünne Schale haben. Wer nur ältere Kartoffeln zur Verfügung hat, sollte diese nach dem Kochen pellen.

REZEPTVARIANTE:
Für **Mamas Kartoffelsalat** (im Foto unten) die Kartoffeln wie im Rezept garen, etwas abkühlen lassen, pellen und in dünne Scheiben schneiden. 1 Zwiebel abziehen und fein würfeln. 3–4 Frühlingszwiebeln putzen, abspülen, abtropfen lassen, in etwa 3 cm lange Stücke und dann in dünne Streifen schneiden. 1 kleines Bund Radieschen putzen, abspülen, abtropfen lassen und in Spalten schneiden. Etwa 110 g abgetropfte kleine Gewürzgurken (aus dem Glas, die Gurkenflüssigkeit zum Abschmecken beiseitestellen) in Scheiben schneiden. Für die Salatsauce 4 Esslöffel Salatmayonnaise mit 2 Teelöffel mittelscharfem Senf, 150 g Joghurt (1,5 % Fett) und 150 g Crème fraîche verrühren, mit Salz, Pfeffer und Zucker würzen. Die Salatzutaten mit der Salatsauce vermengen. Den Salat zugedeckt im Kühlschrank mindestens 30 Minuten durchziehen lassen. Vor dem Servieren den Salat vorsichtig umrühren, nochmals mit Salz, Pfeffer, Zucker und etwas Gurkenflüssigkeit abschmecken.

REIS-CHAMPIGNON-SALAT

ZUBEREITUNGSZEIT:
50 Minuten

ZIEHZEIT:
30 Minuten

ZUTATEN FÜR 4 PORTIONEN

200 g Langkorn-Naturreis
etwa 500 ml Gemüsebrühe
4 Frühlingszwiebeln
200 g Joghurt (1,5 % Fett)
100 g Joghurt-Salatcreme (15 % Fett)
Salz
gem. Pfeffer
1 Prise Voll-Rohrzucker
½ gestr. TL Cayennepfeffer
200 g weiße Champignons
2 TL Olivenöl
400 g Möhren
2 gelbe Paprikaschoten (je etwa 200 g)
1 Bund Schnittlauch

PRO PORTION:
E: 11 g, F: 8 g, Kh: 56 g, kcal: 362

1. Den Reis mit der Gemüsebrühe in einem mittelgroßen Topf nach Packungsanleitung (die auf der Packung angegebene Flüssigkeitsmenge verwenden) zubereiten. Den gegarten Reis in ein Sieb abgießen, mit kaltem Wasser abbrausen und abkühlen, dann abtropfen lassen.

2. In der Zwischenzeit die Frühlingszwiebeln putzen, abspülen und abtropfen lassen. Anschließend in feine Scheiben schneiden.

3. Den Joghurt mit der Salatcreme verrühren. Die Mischung mit Salz, Pfeffer, Zucker und Cayennepfeffer abschmecken.

4. Den Reis in eine Salatschüssel geben und mit zwei Gabeln etwas auflockern. Die Frühlingszwiebelscheiben untermischen. Die Joghurtsauce unter die Reis-Zwiebel-Mischung rühren. Das Ganze zugedeckt im Kühlschrank durchziehen lassen, bis die übrigen Zutaten vorbereitet sind (etwa 30 Minuten).

5. Inzwischen Champignons putzen, evtl. kurz abspülen und trocken tupfen. Die Pilze je nach Größe halbieren oder in Scheiben schneiden. Öl in einer großen beschichteten Pfanne erhitzen, dabei die Pfanne leicht schwenken, damit sich das Öl gleichmäßig auf dem Pfannenboden verteilt. Die Champignons unter gelegentlichem Rühren darin 2–3 Minuten andünsten, mit Salz und Pfeffer würzen. Die Pilze aus der Pfanne nehmen und erkalten lassen.

6. Die Möhren putzen, schälen, abspülen und abtropfen lassen. Die Möhren mehrfach längs halbieren und in feine Stifte schneiden. Die Paprikaschoten halbieren, entstielen und entkernen, dabei auch die weißen Scheidewände entfernen. Die Schoten abspülen, abtropfen lassen und fein würfeln.

7. Den Schnittlauch abspülen, trocken tupfen und in feine Röllchen schneiden. Pilze, Möhrenstifte, Paprikawürfel und Schnittlauch unter die Reismischung heben. Den Salat zugedeckt etwa 30 Minuten im Kühlschrank durchziehen lassen.

TIPPS:
Der Salat lässt sich vorbereiten und eignet sich zum Mitnehmen. Statt mit Naturreis lässt sich der Salat auch mit weißem Langkornreis zubereiten, dabei die Packungsanleitung beachten.

BUNTER LINSENSALAT

VEGAN

ZUBEREITUNGSZEIT:
25 Minuten

GARZEIT:
30 Minuten

ZUTATEN FÜR 2 PORTIONEN

120 g Pardina-Linsen
(kleine amerikanische Linsen)
2 Schalotten
1 Knoblauchzehe
2 EL Olivenöl
600 ml Gemüsebrühe
½ Möhre (etwa 50 g)
50 g Knollensellerie
2 Bio-Orangen
3–4 Stängel Basilikum
2 EL Apfelessig
Salz
gem. Pfeffer
etwas Voll-Rohrzucker
1 Tomate (etwa 100 g)

PRO PORTION:
E: 17 g, F: 12 g, Kh: 45 g, kcal: 360

1. Die Linsen in einem Sieb mit kaltem Wasser abspülen und abtropfen lassen. Die Schalotten und den Knoblauch abziehen, beides in feine Würfel schneiden.

2. Das Olivenöl in einer großen Pfanne erhitzen. Schalotten- und Knoblauchwürfel darin andünsten. Die Linsen dazugeben und kurz mitdünsten. Die Gemüsebrühe hinzugießen. Das Ganze zum Kochen bringen und zugedeckt etwa 20 Minuten köcheln.

3. Inzwischen die Möhre putzen. Möhre und Sellerie schälen, abspülen und abtropfen lassen. Beides in feine Würfel schneiden. Möhren- und Selleriewürfel unter die Linsen rühren und alles etwa 10 Minuten weitergaren. Das Linsengemüse in ein Sieb abgießen, mit kaltem Wasser abspülen, gut abtropfen und abkühlen lassen.

4. Inzwischen 1 Orange heiß abwaschen und abtrocknen. Mit einer Zitronen- oder Haushaltsreibe etwa 1 Esslöffel Orangenschale fein abreiben. Beide Orangen halbieren und den Saft auspressen.

5. Das Basilikum abspülen und trocken tupfen, die Blättchen von den Stängeln zupfen. Einige Blättchen zum Garnieren beiseitelegen. Die restlichen Basilikumblättchen in feine Streifen schneiden.

6. Das Linsengemüse in eine Schüssel geben. Für die Sauce Essig mit Orangenschale und Orangensaft verrühren. Das Dressing mit Salz, Pfeffer und etwas Zucker abschmecken und zum Linsengemüse geben. Basilikumstreifen vorsichtig unterheben. Den Linsensalat etwa 15 Minuten durchziehen lassen.

7. Inzwischen die Tomate abspülen, abtrocknen und vierteln, dabei den Stängelansatz herausschneiden. Die Tomatenviertel evtl. entkernen und in kleine Würfel schneiden. Den Linsensalat mit den Tomatenwürfeln und dem beiseitegelegten Basilikum garnieren. Dazu passt Baguette.

TIPPS:
Statt Pardina-Linsen können Sie die gleiche Menge Berg- oder Tellerlinsen verwenden. Diese dann nach der Packungsanleitung weich garen.
Wenn Sie keine Bio-Orangen bekommen, können Sie stattdessen auch etwas geriebene Orangenschale aus dem Päckchen (Backzutatenregal) verwenden.

SALAT-BOWL MIT POCHIERTEM EI

ZUBEREITUNGSZEIT:
25 Minuten

ZUTATEN FÜR 4 PORTIONEN

FÜR DIE SALATMISCHUNG:
150–200 g Rucola
1 kleiner Kopf Romanasalat
1 kleines Bund Basilikum
je 1 rote und gelbe Paprikaschote
20 Cocktail- oder kleine Rispentomaten
1 Apfel, z. B. Cox Orange
1 kleine Papaya (alternativ Mango)
1 Avocado
4 EL Weinessig
1 TL Salz
4 ganz frische Bio-Eier (Größe M)

FÜR DAS DRESSING:
4 EL Essig, z. B. Apfelessig
2 EL flüssiger Honig
Salz
gem. Pfeffer
4 EL Olivenöl

PRO PORTION:
E: 10 g, F: 25 g, Kh: 19 g, kcal: 363

1. Den Rucola verlesen, dicke Stängel abschneiden. Rucola abspülen, trocken schleudern und etwas kleiner zupfen. Romanasalat vom Strunk befreien, abspülen und trocken schleudern, die Blätter quer in Streifen schneiden. Basilikum abspülen und trocken tupfen, Blättchen abzupfen.

2. Paprikaschoten, Tomaten und Apfel waschen und abtropfen lassen. Paprikaschoten halbieren, entstielen und entkernen, die weißen Scheidewände entfernen. Hälften in Streifen schneiden. Tomaten halbieren, Apfel entkernen und in Spalten schneiden.

3. Papaya schälen, halbieren und entkernen, Fruchtfleisch in Spalten schneiden. Avocado halbieren, Kern entfernen. Fruchtfleisch mit einem Löffel aus der Schale heben, dann in Stücke oder Streifen schneiden.

4. Wasser (etwa 1,5 l) mit Essig und Salz in einem hohen Topf zum Kochen bringen. Inzwischen das vorbereitete Gemüse, Obst, Salat und Basilikum in vier Bowls oder auf vier Tellern kreisförmig anrichten.

5. Sobald das Wasser kocht, die Hitze auf mittlere Stufe stellen, das Wasser soll nur noch leicht köcheln. Die Eier jeweils in eine Suppenkelle oder Tasse aufschlagen. Mithilfe eines Kochlöffels durch kreisende Bewegungen einen Strudel im Wasser erzeugen. Die Eier nacheinander in den Strudel geben, ohne dass sie sich berühren. Etwa 3 Minuten ziehen lassen, das Wasser darf dabei nicht kochen.

6. Inzwischen für das Dressing den Essig mit Honig, Salz und Pfeffer verrühren. Das Olivenöl mit einem Schneebesen gründlich unterschlagen. Das Dressing abschmecken.

7. Mit einer Schaumkelle die pochierten Eier aus dem Wasser heben, auf Küchenpapier abtropfen lassen und auf den Salat setzen.

8. Die fertigen Salate mit dem Dressing beträufeln und nach Belieben etwas Pfeffer darübermahlen. Das Ei behutsam anritzen, sodass etwas flüssiges Eigelb austritt. Die Salat-Bowl sofort servieren.

TIPPS:
Benötigt man mehr als 4 pochierte Eier, kann man so vorgehen: Eine Tasse mit Frischhaltefolie auslegen. Einige Tropfen Olivenöl auf die Folie geben und verreiben. 1 Ei aufschlagen, vorsichtig in die vorbereitete Tasse geben, die Folie an den vier Seiten hochnehmen und über dem Ei ohne Lufteinschluss zusammenknoten. So alle Eier vorbereiten, in leicht siedendes Wasser geben und etwa 3 Minuten ziehen lassen. Mithilfe einer Schaumkelle aus dem Wasser auf Küchenpapier heben. Folie mit der Schere aufschneiden, die Eier behutsam herausheben.
Wer mag, bestreut den Salat mit gerösteten Pinienkernen oder knackigen Nüssen.

BROTSALAT

VEGAN

ZUBEREITUNGSZEIT:
25 Minuten

ZUTATEN FÜR 4 PORTIONEN

FÜR DIE SALATMISCHUNG:
½ Bio-Salatgurke
etwa 200 g gemischte Cocktailtomaten (rot, gelb, orange, rot)
2–3 EL grüne Oliven
½ Weißbrot (nach Belieben vegan, z. B. Baguette, Ciabatta)
1 Handvoll grüner Salat
1 kleines Bund glatte Petersilie
1 rote Zwiebel
4 TL abgetropfte Kapern (aus dem Glas)

FÜR DIE VINAIGRETTE:
2 Knoblauchzehen
4 EL Weißweinessig
2 TL mittelscharfer Senf
8 EL Olivenöl
Salz
gem. Pfeffer
etwas Agavendicksaft

PRO PORTION:
E: 7 g, F: 22 g, Kh: 36 g, kcal: 384

1. Die Salatgurke abspülen und trocken tupfen, die Enden abschneiden. Die Gurke längs halbieren und in etwa ½ cm dicke Scheiben schneiden. Die Tomaten abspülen und trocken tupfen. Die Oliven, falls nötig, abtropfen lassen.

2. Das Weißbrot in etwa 1½ cm große Würfel schneiden. Salat putzen, abspülen, trocken tupfen und in mundgerechte Stücke zupfen. Die Petersilie abspülen und trocken tupfen, die Blättchen von den Stängeln zupfen. Die Zwiebel abziehen, halbieren und in Halbmonde schneiden.

3. Für die Vinaigrette den Knoblauch abziehen und mit dem Messerrücken fein zerdrücken. Den Essig mit dem Senf und den zerdrückten Knoblauchzehen verrühren. Das Olivenöl unterschlagen. Die Vinaigrette mit etwas Salz, Pfeffer und Agavendicksaft würzen.

4. Alle vorbereiteten Zutaten und die Kapern in einer ausreichend großen Schüssel mischen, mit der Vinaigrette marinieren und servieren.

TIPPS:
Noch bunter wird der Salat mit roten, gelben und orangen Paprikastücken. Dafür je 1 kleine Paprikaschote waschen, halbieren und entkernen, dabei auch die weißen Scheidewände entfernen. Die Schotenhälften in kleine Würfel oder feine Streifen schneiden und diese dann mit den übrigen Zutaten vermischen.
Die Gurkenscheiben sehen besonders dekorativ auf, wenn die Schale der noch ganzen Gurke mit einem Sparschäler in Streifenoptik abgezogen wird. Erst dann die Gurke längs halbieren und in Scheiben schneiden.

ROSENKOHLSALAT MIT GRÜNKERN

ZUBEREITUNGSZEIT:
25 Minuten

GARZEIT:
35 Minuten

ZIEHZEIT:
30 Minuten

ZUTATEN FÜR 4 PORTIONEN

FÜR DIE SALATMISCHUNG:
200 g Grünkern
1½ EL Instant-Gemüsebrühe
750 g Rosenkohl
Salz
2 Zwiebeln
30 g getrocknete Tomatenhälften (in Öl)
1 EL mildes Olivenöl
gem. Pfeffer
2–3 EL mild-aromatischer Essig, z. B. Himbeeressig

FÜR DAS DRESSING:
1 Schalotte
1 Knoblauchzehe
1 TL körniger Senf
3 EL Orangensaft (frisch gepresst oder aus der Flasche)
1 TL Honig
2 EL mildes Olivenöl
Salz
gem. Pfeffer
evtl. mildes Currypulver

PRO PORTION:
E: 13 g, F: 11 g, Kh: 47 g, kcal: 369

1. Für die Salatmischung den Grünkern in einem Sieb mit kaltem Wasser gründlich abbrausen und abtropfen lassen. Etwa 650 ml Wasser und das Brühepulver in einen Topf geben, zugedeckt aufkochen. Den Grünkern unterrühren und dann bei schwacher Hitze mit halb geöffnetem Deckel etwa 35 Minuten gar köcheln.

2. Inzwischen den Rosenkohl putzen, abspülen und in einem Sieb abtropfen lassen. In einem Topf etwa 300 ml Wasser zugedeckt zum Kochen bringen. ½ Teelöffel Salz und den Rosenkohl dazugeben, zugedeckt aufkochen lassen und 18–20 Minuten garen (der Rosenkohl sollte noch bissfest sein). Den Rosenkohl in ein Sieb abgießen, abtropfen und etwas abkühlen lassen.

3. Für das Dressing inzwischen die Schalotte und den Knoblauch abziehen, beides sehr fein würfeln. Senf, Orangensaft, Honig und 2 Esslöffel Öl gründlich verquirlen. Mit Salz, gemahlenem Pfeffer und nach Belieben etwas Currypulver abschmecken. Die Schalottenwürfel und die Hälfte der Knoblauchwürfel unterrühren.

4. Die Rosenkohlröschen je nach Größe evtl. halbieren und unter das Dressing mischen. Die Zwiebeln abziehen und in Würfel schneiden. Die getrockneten Tomaten abtropfen lassen und in Streifen schneiden.

5. Den Grünkern abtropfen lassen. 1 Esslöffel Öl in einer Pfanne erhitzen und die Zwiebelwürfel darin braun braten. Den Grünkern und die Tomatenstreifen dazugeben. Die Grünkernmischung mit Salz, Pfeffer und Essig abschmecken.

6. Die Grünkernmischung mit dem Rosenkohl vermengen. Den Salat etwa 30 Minuten durchziehen lassen. Den Salat nochmals mit Salz, Pfeffer und 1 Prise Currypulver abschmecken und auf Tellern oder in Salatschälchen anrichten.

TIPP:
Zum Mitnehmen oder für ein Büfett eignen sich zum Anrichten des Salats sehr gut kleine Einmachgläser – mit einem Deckel verschlossen ist so alles hygienisch einwandfrei aufbewahrt.

HOMEMADE

KÜRBISSALAT

ZUBEREITUNGSZEIT:
15 Minuten

BACKZEIT:
20 Minuten

ZUTATEN FÜR 4 PORTIONEN:

200 g abgetropfte Kichererbsen (aus der Dose)
600 g Hokkaido-Kürbis
2 rote Zwiebeln
2 Knoblauchzehen
3–4 EL Pflanzenöl, z. B. Rapsöl
Salz
gem. Pfeffer
1 kleines Bund Dill
1 kleines Bund glatte Petersilie
1 Apfel, z. B. Cox Orange
4 EL geröstete und gesalzene Cashewkerne
5 EL Apfelessig
2 EL Walnussöl
1–2 EL flüssiger Honig

PRO PORTION:
E: 10 g, F: 20 g, Kh: 40 g, kcal: 398

1. Ein Backblech mit Backpapier belegen. Den Backofen vorheizen.
Ober-/Unterhitze: etwa 180 °C
Heißluft: etwa 160 °C

2. Die Kichererbsen in einem Sieb abtropfen lassen. Den Kürbis putzen, abspülen, abtropfen lassen und in 2 cm große Würfel schneiden. Die Zwiebeln und den Knoblauch abziehen. Die Zwiebeln halbieren und in dünne Halbmonde schneiden. Den Knoblauch in Scheiben schneiden.

3. Kichererbsen, Kürbis, Zwiebeln und Öl in einer Schüssel vermischen und mit Salz und Pfeffer würzen. Auf dem vorbereiteten Backblech verteilen und im vorgeheizten Ofen etwa 10 Minuten backen.

4. Den Knoblauch in die ölige Schüssel geben, darin wenden und nach den 10 Minuten Backzeit mit auf das Backblech geben. Das Gemüse behutsam wenden und alles nochmals etwa 10 Minuten backen, anschließend kurz abkühlen lassen.

5. Die Kräuter abspülen und trocken tupfen, die Blättchen bzw. Spitzen von den Stängeln zupfen und nicht zu fein hacken. Den Apfel abspülen, abtropfen lassen und achteln, das Kerngehäuse sowie den Stiel entfernen. Dann die Apfelachtel in mundgerechte Stücke schneiden.

6. Abgekühltes Gemüse, Apfelstücke, Cashewkerne und gehackte Kräuter in einer Schüssel mit Apfelessig, Walnussöl und Honig mischen. Den Kürbissalat mit Salz und Pfeffer würzig abschmecken.

TIPP:
Wer mag, verfeinert den Salat noch mit Kürbiskernen (in einer Pfanne ohne Fett geröstet) und einigen Tropfen Kürbiskernöl.

COUSCOUSSALAT

ZUBEREITUNGSZEIT:
20 Minuten

ZIEHZEIT:
30 Minuten

ZUTATEN FÜR 4 PORTIONEN

3–4 EL Rosinen oder Cranberrys
1 rote Zwiebel (etwa 150 g)
2 Knoblauchzehen
2 Möhren (etwa 170 g)
1 kleine Zucchini (etwa 120 g)
4 Frühlingszwiebeln
2 Tomaten (etwa 130 g)
250 g Couscous
½ EL mildes Currypulver oder Ras el-Hanout (arabische Gewürzmischung)
1 Msp. gem. Zimt
2–3 EL Olivenöl
abger. Schale und Saft von 1 Bio-Zitrone
Salz
gem. Pfeffer
1 kleines Bund glatte Petersilie
3–4 EL Cashewkerne, gesalzen und geröstet
½ EL flüssiger Honig
1 EL Nussöl

PRO PORTION:
E: 11 g, F: 12 g, Kh: 54 g, kcal: 391

1. Die Rosinen oder Cranberrys 10–15 Minuten in lauwarmem Wasser einweichen. Anschließend in einem Küchensieb abtropfen lassen.

2. Inzwischen Zwiebeln und Knoblauch abziehen und fein würfeln. Die Möhren schälen und in etwa ½ cm große Würfel schneiden. Die Zucchini abspülen und abtropfen lassen, die Enden abschneiden. Die Zucchini ebenfalls in etwa ½ cm große Würfel schneiden. Die Frühlingszwiebeln putzen, abspülen, abtropfen lassen und in Ringe schneiden. Die Tomaten abspülen, vierteln und entkernen, die Stängelansätze herausschneiden. Die Tomaten in Würfel schneiden.

3. Den Couscous mit Curry oder Ras el-Hanout sowie Zimt und Wasser nach Packungsanleitung zubereiten.

4. In der Zwischenzeit das Olivenöl in einer Pfanne erhitzen. Zwiebel-, Knoblauch-, Möhren- und Zucchiniwürfel darin bei mittlerer Hitze etwa 5 Minuten leicht anbraten. Die Frühlingszwiebelringe dazugeben und kurz mit anbraten. Den Zitronensaft dazugeben und das Gemüse mit Salz und Pfeffer würzen.

5. Die Petersilie abspülen und trocken tupfen, die Blättchen abzupfen und klein schneiden.

6. Den vorbereiteten Couscous mit dem Gemüse aus der Pfanne, Tomatenwürfeln, abgetropften Rosinen, Petersilie, Cashewkernen, Zitronenschale, Honig und Nussöl vermischen. Den Salat mit Salz und Pfeffer abschmecken und etwa 30 Minuten durchziehen lassen.

TIPP:
Wer mag, kann den Salat mit etwas gehackter Minze oder Koriandergrün verfeinern. Anstelle der Cashewkerne können auch andere Nüsse oder geröstete Pinienkerne verwendet werden.

CURRYWAFFELN MIT MOZZARELLASALAT

ZUBEREITUNGSZEIT:
45 Minuten

ZUTATEN FÜR 4 PORTIONEN

FÜR DIE WAFFELN:
1 rote Chilischote
150 g Butter (zimmerwarm)
Salz
3 EL mildes Currypulver
4 Eier (Größe L; zimmerwarm)
200 g Weizenmehl (Type 405)
100 ml Milch (3,5 % Fett)

FÜR DEN SALAT:
150 g Mango-Fruchtfleisch
1 Bio-Limette
150 g Joghurt (3,5 % Fett)
1–2 EL Wasabipaste (erhältlich im Asialaden)
Salz
500 g gut abgetropfter Mini-Mozzarella
4 Stängel Koriander
100 g Babysalat-Mix

ZUSÄTZLICH:
Waffeleisen
etwas Pflanzenöl für das Waffeleisen

PRO PORTION:
E: 42 g, F: 72 g, Kh: 52 g, kcal: 1031

1. Für den Teig die Chilischote abspülen, trocken tupfen und den Stängelansatz entfernen. Anschließend die Chilischote klein schneiden. Das Waffeleisen vorheizen.

2. Die Butter in einer Rührschüssel mit etwas Salz, Curry und Chilischote weiß-schaumig schlagen. Die Eier nacheinander einzeln mit je 2 Esslöffel Mehl unterrühren. Das restliche Mehl und die Milch unterrühren.

3. Die Backflächen des Waffeleisens mit Pflanzenöl bestreichen. Aus dem Teig nacheinander acht Waffeln backen. Dafür pro Waffel 4 Esslöffel Teig in die Mitte des Waffeleisens geben und etwa 4 Minuten backen. Fertige Waffeln herausnehmen und im Backofen bei Ober-/Unterhitze: etwa 80 °C, Heißluft: etwa 60 °C warm halten.

4. In der Zwischenzeit für den Salat Mango-Fruchtfleisch in kleine Würfel schneiden. Die Limette heiß abwaschen, abtrocknen und die Schale abreiben. Die Limette halbieren und den Saft auspressen.

5. Mangowürfel, Limettenschale, 3 Esslöffel Limettensaft, Joghurt, Wasabipaste und etwas Salz verrühren. Den Mozzarella dazugeben. Den Koriander abspülen und trocken tupfen, die Blättchen von den Stängeln zupfen. Die Korianderblättchen klein schneiden und unter die Salatmischung mengen.

6. Den Babysalat-Mix putzen, abspülen und trocken tupfen oder trocken schleudern. Den Mango-Mozzarella-Salat mit den Salatblättern auf den Waffeln anrichten und sofort servieren.

TIPP:
Anstelle des Salat-Mixes können Sie auch verschiedene Kräuter- und Salatblätter mischen.

BULGUR-KRÄUTER-SALAT

VEGAN

ZUBEREITUNGSZEIT:
30 Minuten

ZIEHZEIT:
30 Minuten

ZUTATEN FÜR 6 PORTIONEN

FÜR DIE SALATMISCHUNG:
200 g Bulgur
etwa 400 ml Gemüsebrühe
500 g Tomaten
1 kleines Bund Frühlingszwiebeln
½ Bund Petersilie
½ Bund Minze
½ Salatgurke (etwa 180 g) oder 1 Mini-Gurke

FÜR DAS DRESSING:
6 EL Zitronensaft
2 EL Olivenöl
Salz
gem. Pfeffer
½ TL Kreuzkümmel (Cumin)

PRO PORTION:
E: 4 g, F: 4 g, Kh: 29 g, kcal: 173

1. Für die Salatmischung den Bulgur mit der Gemüsebrühe in einem Topf nach Packungsanleitung zubereiten. Anschließend in eine Salatschüssel geben und abkühlen lassen.

2. Inzwischen die Tomaten abspülen, abtropfen lassen und halbieren, dabei die Stängelansätze herausschneiden. Dann die Tomatenhälften entkernen und das Fruchtfleisch in kleine Würfel schneiden.

3. Die Frühlingszwiebeln putzen, abspülen, abtropfen lassen und in feine Scheiben schneiden. Petersilie und Minze abspülen und trocken tupfen. Die Blättchen von den Stängeln zupfen und grob zerschneiden.

4. Die Salatgurke abspülen und abtrocknen, die Enden abschneiden. Die Gurke längs halbieren und evtl. entkernen. Das Gurkenfruchtfleisch in kleine Würfel schneiden.

5. Den Bulgur mit zwei Gabeln etwas auflockern. Tomaten, Frühlingszwiebeln, Gurke und Kräuter unterheben.

6. Für das Dressing Zitronensaft und Olivenöl verrühren, mit Salz, Pfeffer und Kreuzkümmel würzen. Das Dressing unter den Salat mischen. Den Salat mit Salz und Pfeffer abschmecken und zugedeckt im Kühlschrank etwa 30 Minuten durchziehen lassen.

TORTELLINISALAT MIT CURRYDRESSING

ZUBEREITUNGSZEIT:
20 Minuten

ZIEHZEIT:
60 Minuten

ZUTATEN FÜR 4 PORTIONEN

250 g vegetarische Tortellini (aus dem Kühlregal; z. B. mit Spinat-Ricotta-Füllung)
Salz
50 g Pinienkerne
1 reife Mango
200 g Cocktailtomaten
100 g Schmand (saure Sahne mit etwa 24 % Fett)
100 g Salatmayonnaise
3–4 EL Orangensaft
2 EL mildes Currypulver
gem. Pfeffer
1 kleines Bund Basilikum
Zucker oder flüssiger Honig

PRO PORTION:
E: 10 g, F: 34 g, Kh: 32 g, kcal: 478

1. Die Tortellini in kochendem Salzwasser nach Packungsanleitung bissfest kochen. In der Zwischenzeit Pinienkerne in einer Pfanne ohne Fett unter Rühren goldbraun rösten. Gegarte Tortellini in ein Sieb abgießen, kurz mit kaltem Wasser abspülen und gut abtropfen lassen.

2. Die Mango schälen. Das Fruchtfleisch zunächst vom Stein schneiden, anschließend in etwa 1 ½ cm dicke Würfel schneiden. Tomaten abspülen, abtropfen lassen und jeweils halbieren.

3. Für das Dressing Schmand, Mayonnaise, Orangensaft und Currypulver gut verrühren. Die Mischung kräftig mit Salz und Pfeffer würzen.

4. Tortellini, Mangowürfel, Tomatenhälften und Dressing in einer großen Schüssel vorsichtig mischen. Den Salat zugedeckt im Kühlschrank etwa 60 Minuten durchziehen lassen.

5. Das Basilikum abspülen und trocken tupfen, die Blättchen von den Stängeln zupfen.

6. Den Salat vor dem Servieren nochmals vorsichtig mischen. Mit Salz, Pfeffer und Zucker oder Honig abschmecken. Evtl. noch etwas Orangensaft unterrühren.

7. Den Salat auf Tellern anrichten und mit Basilikumblättchen sowie Pinienkernen bestreuen.

TIPP:
Wer den Salat schärfer mag, mischt einfach 1 Teelöffel Sambal Oelek unter die Salatsauce.

GEMÜSE-BOWL MIT TOFU-STICKS

VEGAN

ZUBEREITUNGSZEIT:
75 Minuten

ZUTATEN FÜR 6 PORTIONEN

FÜR DIE TOFU-STICKS:
75 ml ungesüßter Sojadrink (natur; zimmerwarm)
1 TL Apfelessig
50 g Weizenvollkornmehl
1 Msp. Backpulver
3 EL Sesamsamen, Salz
400 g Tofu (natur)
2 EL Olivenöl

FÜR DIE GEMÜSE-BOWL:
4 dünne Möhren (etwa 300 g)
2 Zucchini (etwa 300 g)
1 Knolle Sellerie (etwa 300 g)
1 Limette
250 g Cocktailtomaten
50 g Alfalfasprossen (aus dem Kühlregal)
1 Avocado

FÜR DIE SAUCE:
1 EL Sesamsamen
½ Bund Kerbel
2 ½ EL heller Balsamico-Essig
1 EL Orangensaft
1 TL Agavendicksaft
5 EL Olivenöl
Salz, gem. Pfeffer

PRO PORTION:
E: 12, F: 27, Kh: 14, kcal: 369

1. Für die Tofu-Sticks Sojadrink und Essig in einem tiefen Teller mit einer Gabel verquirlen, die Mischung etwa 15 Minuten ruhen lassen (dickt dann leicht an). Mehl, Backpulver, Sesam und 2–3 Prisen Salz in einem zweiten tiefen Teller gut vermischen. Den Tofu in fingerdicke Streifen (je etwa 1 ½ × 2 × 10 cm) schneiden.

2. Die Tofustreifen nacheinander zuerst in der Sojadrinkmasse wenden, überschüssige Masse abtropfen lassen. Dann die Tofustreifen in dem Sesam-Mehl-Gemisch wenden, dabei die Panierung evtl. etwas andrücken.

3. Das Olivenöl in einer großen Pfanne erhitzen. Die Tofustreifen darin bei mittlerer Hitze von allen Seiten in etwa 8 Minuten braun braten. Tofu-Sticks aus der Pfanne nehmen und auf Küchenpapier legen. Die Sticks im vorgeheizten Backofen bei Heißluft (etwa 60 °C) warm stellen.

4. Für die Gemüse-Bowl die Möhren putzen, schälen, abspülen, abtropfen lassen und mit dem Sparschäler längs in dünne Streifen schneiden. Die Zucchini putzen, abspülen und abtropfen lassen, die Enden abschneiden. Zucchini längs in dünne Streifen schneiden.

5. Den Sellerie schälen, putzen, abspülen, abtropfen lassen und vierteln. Die Sellerieviertel mit dem Messer oder dem Küchenhobel in sehr dünne Scheiben schneiden. Die Limette halbieren und den Saft auspressen. Die Selleriescheiben in einer Schüssel mit 1 ½ Esslöffel Limettensaft vermischen (restlichen Saft beiseitestellen). Die Tomaten abspülen, abtrocknen, evtl. jeweils halbieren oder vierteln. Die Sprossen in einem Sieb mit heißem Wasser abspülen und gut abtropfen lassen.

6. Die Avocado längs halbieren, dazu einmal rund um den Stein einschneiden. Die beiden Hälften gegeneinander drehen und den Stein entfernen. Das Fruchtfleisch mit einem Löffel aus den Schalen heben. Das Fruchtfleisch in bohnengroße Stücke schneiden, in eine Schüssel geben und mit restlichem Limettensaft beträufeln.

7. Für die Salatsauce die Sesamsamen in einer kleinen Pfanne ohne Fett unter Rühren anrösten, dann auf einem Teller abkühlen lassen. Kerbel abspülen und trocken tupfen, grobe Stängel abschneiden. Die Blättchen klein schneiden. Essig mit Orangensaft und Agavendicksaft in einer Schüssel verrühren. Olivenöl unterschlagen. Sesam und Kerbel unterrühren. Die Sauce mit Salz und Pfeffer würzen.

8. Möhren- und Zucchinistreifen, Selleriescheiben, Tomaten und Sprossen in sechs kleinen Schüsseln anrichten. Die Avocadostücke darauf verteilen. Jede Bowl mit 1 Esslöffel Sauce beträufeln. Restliche Sauce und Tofu-Sticks getrennt dazureichen. Nach Belieben noch Limettenspalten zum Beträufeln dazulegen.

SUPPEN & EINTÖPFE

MAISCREMESUPPE MIT TOFUSPIESSEN

ZUBEREITUNGSZEIT:
40 Minuten

ZUTATEN FÜR 4 PORTIONEN

4 frische Zuckermaiskolben
1 Zwiebel
1 kleine rote Chilischote
2 EL Butter
750 ml Gemüsebrühe
Salz
1 Bio-Limette
200 g Tofu (natur; aus dem Kühlregal)
2 EL Sesamöl
2 EL Teriyaki-Sauce
250 g Schlagsahne
gem. weißer Pfeffer
2 EL Olivenöl
4 Stängel Thai-Basilikum
8 Stängel Koriander

ZUSÄTZLICH:
8 kleine Holzspieße

PRO PORTION:
E: 13 g, F: 34 g, Kh: 20 g, kcal: 437

1. Von den Maiskolben evtl. vorhandene äußere Blätter entfernen. Die Maiskolben kurz unter fließendem kaltem Wasser abspülen und abtropfen lassen. Mit einem Sägemesser rundherum die gelben Maiskörner vom Kolben herunterschneiden. Die Zwiebel abziehen und in kleine Würfel schneiden. Die Chilischote abspülen, trocken tupfen, entstielen und in feine Ringe schneiden.

2. Butter in einem Topf zerlassen. Zwiebelwürfel, Chiliringe und Maiskörner darin unter Rühren andünsten. Gemüsebrühe hinzugießen, mit Salz würzen. Die Zutaten zum Kochen bringen und etwa 10 Minuten bei mittlerer Hitze kochen lassen.

3. Inzwischen die Limette heiß abwaschen und abtrocknen, die Schale abreiben. Limette halbieren und den Saft auspressen. Den Tofu in gleich große Würfel (etwa 2 cm Kantenlänge) schneiden und in eine Schale legen. Sesamöl, Teriyaki-Sauce, Limettenschale und 2 Esslöffel Limettensaft zu einer Marinade verrühren und auf den Tofuwürfeln verteilen.

4. Die Sahne in die Maissuppe geben, die Suppe nach Geschmack fein oder grob pürieren. Die Maiscremesuppe mit Salz, Pfeffer und Limettensaft abschmecken.

5. Die Tofuwürfel auf die Holzspieße stecken. Das Olivenöl in einer Pfanne erhitzen und die Tofuspieße darin bei mittlerer Hitze von allen Seiten leicht anbraten.

6. Das Basilikum abspülen und trocken tupfen, die Blättchen von den Stängeln zupfen und in Streifen schneiden. Den Koriander abspülen und trocken tupfen, die Blättchen von den Stängeln zupfen.

7. Die Suppe in Suppenschalen anrichten, mit Basilikumstreifen bestreuen und mit Korianderblättchen garnieren. Die Tofuspieße dazu reichen oder quer über die Suppenschalen legen.

GRÜNKOHLEINTOPF

ZUBEREITUNGSZEIT:
30 Minuten

GARZEIT:
65 Minuten

ZUTATEN FÜR 6 PORTIONEN

1 kg Grünkohl (frisch oder TK)
Salz
3 Zwiebeln (etwa 450 g)
2–3 Knoblauchzehen
1 Bund Suppengrün
150 g Butterschmalz
1,2 l Gemüsebrühe
600 g vorwiegend festkochende Kartoffeln
1 TL gem. Piment
1 TL geräuchertes Paprikapulver
3 EL mittelscharfer Senf
gem. Pfeffer

PRO PORTION:
E: 9 g, F: 46 g, Kh: 26 g, kcal: 559

1. Frischen Grünkohl von welken Blättern und Blattrippen befreiten, gründlich in kaltem Wasser waschen und abtropfen lassen. Anschließend den Kohl in reichlich gut gesalzenem Wasser blanchieren, in eiskaltem Wasser abschrecken und in einem Küchensieb abtropfen lassen. Überschüssiges Wasser mit den Händen gut ausdrücken. Bei Bedarf den Grünkohl mit dem Messer noch etwas kleiner schneiden.

2. Die Zwiebeln und den Knoblauch abziehen. Die Zwiebeln in Würfel schneiden. Das Suppengrün putzen, abspülen, abtropfen lassen und in kleine Würfel schneiden.

3. Das Butterschmalz in einem ausreichend großen Topf erhitzen und die vorbereiteten Zwiebel- und Suppengrünwürfel darin etwa 6 Minuten andünsten. Den Knoblauch durch eine Knoblauchpresse dazudrücken und 1–2 Minuten mit andünsten.

4. Den Grünkohl dazugeben und die Gemüsebrühe angießen. Alles aufkochen und zugedeckt etwa 35 Minuten köcheln lassen, dabei hin und wieder umrühren.

5. In der Zwischenzeit die Kartoffeln schälen und in etwa 1 ½ cm große Würfel schneiden. Die Kartoffeln knapp mit kaltem Wasser bedeckt beiseitestellen.

6. Nach den 35 Minuten Kochzeit des Grünkohls die Kartoffelwürfel mitsamt dem Wasser, Piment, Paprikapulver und 1 Teelöffel Salz zum Kohl geben. Verrühren und alles zugedeckt noch etwa 30 Minuten köcheln lassen.

7. Sind Kohl und Kartoffeln gar, den Senf in den Eintopf einrühren. Den Eintopf nochmals herzhaft mit Salz, Pfeffer, Piment und geräuchertem Paprikapulver abschmecken.

TIPPS:
Wenn Ihnen der Eintopf zu flüssig ist, rühren Sie etwa 5 Minuten vor Ende der Garzeit etwa 3 Esslöffel Haferflocken ein – die Haferflocken binden Flüssigkeit und der Eintopf wird etwas sämiger. Als Einlage kann gewürfelter, angebratener Räuchertofu verwendet werden. Dafür 400 g Tofu in 1 ½ cm große Würfel schneiden und in einer Pfanne mit 2 Esslöffel Pflanzenöl rundherum schön braun braten. Die Tofuwürfel dann zum Servieren in oder über den Eintopf geben.

SEITANGULASCH

VEGAN
MIT ALKOHOL

ZUBEREITUNGSZEIT:
45 Minuten, inkl. Schmoren

MARINIERZEIT:
2 Stunden

ZUTATEN FÜR 4 PORTIONEN

500 g abgetropfter Seitan (Fleischersatzprodukt auf Weizeneiweiß-Basis; natur oder gewürzt)
2 Knoblauchzehen
2 EL Sojasauce
200 ml Orangensaft
2 kleine Lorbeerblätter
2 Zwiebeln
1 Bund Suppengrün (Möhre, Sellerie, Lauch; etwa 400 g)
2 EL Pflanzenöl
1 EL Tomatenmark
200 ml trockener Rotwein (alternativ Gemüsebrühe)
½ TL gerebelter Thymian
100 ml Sojakochcreme (Sojacreme Cuisine)
gem. Pfeffer
evtl. 1 Prise Chiliflocken oder Cayennepfeffer
Salz

PRO PORTION:
E: 30 g, F: 12 g, Kh: 16 g, kcal: 308

1. Den Seitan in mundgerechte Stücke (etwa 2 × 3 cm) schneiden. Den Knoblauch abziehen und in feine Würfel schneiden. Sojasauce (bei Verwendung von bereits gewürztem Seitan evtl. weniger Sojasauce verwenden), Orangensaft, Lorbeerblätter und Knoblauchwürfel in einer Schüssel mischen. Die Seitanwürfel untermischen und zugedeckt etwa 2 Stunden marinieren.

2. Die Zwiebeln abziehen, jeweils halbieren und in Würfel schneiden. Das Suppengrün putzen, abspülen und abtropfen lassen. Anschließend in kleine Stücke schneiden.

3. Den Seitan abtropfen lassen, dabei die Marinade auffangen. Das Pflanzenöl in einem Topf erhitzen. Seitanwürfel mit Küchenpapier trocken tupfen, dann in dem heißen Öl von allen Seiten braun anbraten. Aus der Pfanne nehmen und beiseitestellen.

4. Zwiebelwürfel und Suppengrünstücke im verbliebenen Bratfett unter Wenden anbraten. Tomatenmark unterrühren und alles kräftig braun anrösten. Anschließend mit etwa einem Drittel der Marinierflüssigkeit ablöschen und diese fast vollständig einkochen lassen.

5. Von dem Wein (oder der Brühe) 150 ml hinzugießen, ebenfalls fast vollständig einkochen lassen. Seitanwürfel und Thymian dazugeben. Mit restlicher Marinierflüssigkeit, restlichem Wein (oder restlicher Brühe) und 200 ml Wasser ablöschen. Die Zutaten zugedeckt bei schwacher Hitze etwa 15 Minuten schmoren.

6. Das Seitangulasch evtl. ohne Deckel noch etwas einkochen lassen. Die Sojakochcreme unterrühren. Gulasch mit Pfeffer, nach Belieben mit Chili oder Cayennepfeffer und evtl. noch mit etwas Salz abschmecken.

TIPPS:
Zum Gulasch schmecken Mashed Potatoes (Kartoffelstampf), Kartoffelpüree oder Bandnudeln. Neben Sojaprodukten als Fleischersatz schwören viele Vegetarier und Veganer auf Seitan. Er wird durch das Auswaschen der Stärke aus Weizen gewonnen, kann natur oder paniert gebraten, gekocht oder frittiert werden. Seitan wird vor allem aufgrund seiner bissfesten, an Fleisch erinnernden Konsistenz als Fleischersatzprodukt geschätzt. Seitan bekommt man in Bioläden, Reformhäusern und größeren Supermärkten.

KARTOFFELGULASCH MIT TOFU

VEGAN

ZUBEREITUNGSZEIT:
30 Minuten

GARZEIT:
25 Minuten

ZUTATEN FÜR 4 PORTIONEN

2 rote Zwiebeln
2 gelbe Paprikaschoten (etwa 400 g)
800 g festkochende Kartoffeln
600 g Tofu (natur; aus dem Kühlregal)
2 EL Olivenöl
2 EL Tomatenmark
1 EL Paprikapulver edelsüß
1 gestr. TL Kümmelsamen
800 ml Gemüsebrühe
Salz
gem. Pfeffer
1 Bio-Zitrone
2 Knoblauchzehen
1 kleines Bund glatte Petersilie
15 g Weizenmehl (Type 405)
100 ml Sojakochcreme (Sojacreme Cuisine)

PRO PORTION:
E: 20 g, F: 21 g, Kh: 4 g, kcal: 410

1. Die Zwiebeln abziehen und in kleine Würfel schneiden. Die Paprikaschoten halbieren, entstielen und entkernen, dabei auch die weißen Scheidewände entfernen. Die Schoten abspülen, abtropfen lassen und in mundgerechte Stücke schneiden. Die Kartoffeln schälen, abspülen, abtropfen lassen und in etwa 2 cm große Würfel schneiden. Den Tofu in etwa 2 cm große Würfel schneiden.

2. Das Olivenöl in einem Topf erhitzen. Zwiebeln, Paprikastücke und Kartoffelwürfel darin portionsweise unter Rühren andünsten. Tomatenmark, Paprikapulver und Kümmel unterrühren. Die Gemüsebrühe dazugießen. Mit Salz und Pfeffer würzen. Alles zum Kochen bringen und zugedeckt bei mittlerer Hitze etwa 15 Minuten kochen lassen.

3. In der Zwischenzeit die Zitrone heiß abwaschen und abtrocknen, die Schale abreiben. Knoblauch abziehen und klein schneiden. Petersilie abspülen und trocken tupfen, die Blättchen von den Stängeln zupfen und klein schneiden. Zitronenschale mit Knoblauch und Petersilie vermischen und zugedeckt beiseitestellen.

4. Nach etwa 15 Minuten Garzeit die Tofuwürfel zur Kartoffelmischung geben. Gulasch wieder zum Kochen bringen und zugedeckt bei mittlerer Hitze in etwa 5 Minuten fertig garen.

5. Mehl und Sojakochcreme klümpchenfrei verrühren, die Mischung unter Rühren zum Gulasch geben. Alles erneut zum Kochen bringen und bei schwacher Hitze etwa 5 Minuten ohne Deckel leicht köcheln, dabei gelegentlich umrühren.

6. Das Kartoffelgulasch mit Salz und Pfeffer abschmecken, auf Tellern anrichten und mit der beiseitegestellten Petersilienmischung bestreuen.

TIPPS:
Beim Abreiben der Zitronenschale darauf achten, dass keine weißen Schalenteile mit abgerieben werden, sonst wird die Petersilienmischung bitter.
Wer die für klassisches Gulasch typische rote Farbe vermisst, rührt zusätzlich 1 Esslöffel Tomatenmark oder Paprikamark unter.

ERBSEN-MÖHREN-EINTOPF MIT TOFUWÜRSTCHEN

VEGAN

ZUBEREITUNGSZEIT:
30 Minuten

ZUTATEN FÜR 4 PORTIONEN

2 Zwiebeln
400 g Möhren
200 g Staudensellerie
2 EL Pflanzenöl
600 g TK-Erbsen
(oder frisch gepalte Erbsen)
Salz
gem. Pfeffer
1,2 l Gemüsebrühe
4 Stängel Liebstöckel
4 geräucherte Tofuwürstchen

PRO PORTION:
E: 22 g, F: 11 g, Kh: 27 g, kcal: 301

1. Die Zwiebeln abziehen und in kleine Würfel schneiden. Die Möhren putzen, schälen, abspülen, abtropfen lassen und in dünne Scheiben schneiden. Den Staudensellerie putzen, abspülen, abtropfen lassen und in kleine Stücke schneiden.

2. Das Pflanzenöl in einem Topf erhitzen und die Zwiebelwürfel darin kurz andünsten. Möhrenscheiben, Selleriewürfel und die gefrorenen oder frischen Erbsen dazugeben. Die Zutaten mit Salz und Pfeffer würzen. Die Gemüsebrühe hinzugießen und alles zum Kochen bringen. Den Erbsen-Möhren-Eintopf zugedeckt etwa 15 Minuten kochen lassen.

3. Inzwischen den Liebstöckel abspülen und trocken tupfen. Die Blättchen von den Stängeln zupfen und klein schneiden. Die Tofuwürstchen in mundgerechte Stücke (etwa 1 cm lang) schneiden.

4. Die Tofuwürstchen in den Eintopf geben und kurz mit erhitzen. Den Liebstöckel unterrühren. Den Eintopf in tiefe Teller verteilen.

TIPPS:
Möhren aus Deutschland werden im Sommer als Bund- und Waschmöhren angeboten, dann folgen Herbst- und Wintermöhren. Das Gemüse enthält nicht nur viele Ballaststoffe, sondern auch reichlich Betacarotin (eine Vorstufe von Vitamin A), das u. a. zum Zellschutz im Körper beiträgt. Damit der fettlösliche Pflanzenstoff seine Wirkung optimal entfalten kann, sollten Möhren immer mit etwas Fett zubereitet werden.
Würziger schmeckt der Eintopf, wenn Sie je 200 g Möhren und Petersilienwurzeln verwenden. Ersetzen Sie dann den Liebstöckel durch glatte Petersilie. Statt der Tofuwürstchen können Sie auch fränkische Seitanwürstchen verwenden. Braten Sie diese in etwas Fett an und schneiden Sie sie in mundgerechte Stücke, die dann in den Eintopf kommen. Sie können auch in der Pfanne geröstete Brotwürfel (Croûtons) in die Suppe geben.

GARTENGEMÜSE-EINTOPF MIT AIOLI-BROTEN

VEGAN

ZUBEREITUNGSZEIT:
45 Minuten

ZUTATEN FÜR 4 PORTIONEN

FÜR DEN EINTOPF:
240 g abgetropfte weiße Bohnenkerne (aus der Dose)
1–2 Stängel Zitronengras (erhältlich im Asialaden)
2 Knoblauchzehen
2 Zwiebeln
300 g junge Möhren
1 Kohlrabi (etwa 450 g)
3 EL Olivenöl
800 ml Gemüsebrühe
1 Lorbeerblatt
Salz, gem. Pfeffer
250 g Brokkoli
150 g Zuckerschoten
ger. Muskatnuss

FÜR DIE AIOLI-BROTE:
8 Scheiben Baguette
3 EL Olivenöl
2 Knoblauchzehen
Salz
125 g vegane Mayonnaise
abger. Schale und Saft von ½ Bio-Zitrone
gem. Pfeffer
je einige Stängel Basilikum, glatte Petersilie und Dill

PRO PORTION:
E: 17 g, F: 36 g, Kh: 42 g, kcal: 573

1. Bohnen in einem Sieb abspülen und abtropfen lassen. Zitronengras putzen, die äußeren Blätter ablösen. Die Stängel abspülen, abtropfen lassen, in Stücke schneiden und mit einem Fleischklopfer plattieren.

2. Knoblauch und Zwiebeln abziehen und in kleine Würfel schneiden. Möhren putzen, nach Belieben schälen, abspülen, abtropfen lassen und in Scheiben schneiden. Kohlrabi putzen, schälen, abspülen, abtropfen lassen und in Stifte schneiden.

3. In einem Topf 3 Esslöffel Olivenöl erhitzen. Knoblauch- und Zwiebelwürfel darin andünsten. Möhren und Kohlrabi dazugeben und kurz mit andünsten. Mit der Gemüsebrühe auffüllen. Zitronengras, Lorbeerblatt sowie etwas Salz und Pfeffer dazugeben. Alles zugedeckt zum Kochen bringen, dann bei schwacher Hitze etwa 10 Minuten köcheln lassen.

4. In der Zwischenzeit den Brokkoli putzen und in Röschen teilen, dicke Stiele schälen und in Stücke schneiden. Den Brokkoli abspülen und abtropfen lassen. Von den Zuckerschoten die Enden abschneiden und, falls nötig, Fäden abziehen. Die Zuckerschoten abspülen, abtropfen lassen und in Stücke schneiden.

5. Bohnen und Zuckerschoten in den Topf geben und untermischen. Wieder zum Kochen bringen. Nach etwa 5 Minuten den Brokkoli hinzufügen. Den Eintopf weitere 5–10 Minuten bei schwacher Hitze kochen lassen.

6. Inzwischen für die Aioli-Brote 3 Esslöffel Olivenöl in einer Pfanne erhitzen und die Baguettescheiben darin von beiden Seiten goldbraun anrösten (sie sollten nebeneinander liegen, bei Bedarf portionsweise anrösten). Aus der Pfanne nehmen und auf Küchenpapier abtropfen lassen.

7. Für die Aioli den Knoblauch abziehen, fein würfeln, mit etwas Salz bestreuen, kurz ziehen lassen und mit einer Gabel fein zerreiben. Dann mit Mayonnaise und Zitronenschale glatt verrühren. Die Aioli mit Salz und Pfeffer abschmecken. Die Kräuter abspülen und trocken tupfen. Blättchen bzw. Spitzen von den Stängeln zupfen, klein schneiden und unter die Aioli rühren.

8. Den Eintopf mit Salz, Pfeffer, Zitronensaft und 1 Prise Muskatnuss abschmecken. In vorgewärmten tiefen Tellern anrichten. Die Aioli auf dem Brot verteilen und dazu reichen.

TIPP:
Für selbst gemachte **vegane Mayonnaise** 75 ml Sojadrink (natur, zimmerwarm), etwas Salz, Pfeffer, ½ Teelöffel veganen Senf, 1 Teelöffel frisch gepressten Zitronensaft und 100 ml Sojaöl in einen hohen Mixbecher geben. Einen Pürierstab bis zum Boden in den Mixbecher stellen, einschalten und alles zu einer cremig dicklichen Mayonnaise mixen.

KARTOFFEL-BOHNEN-TOPF MIT SEITAN

VEGAN

ZUBEREITUNGSZEIT:
25 Minuten

GARZEIT:
20 Minuten

ZUTATEN FÜR 4 PORTIONEN

750 g festkochende Kartoffeln
3 Zwiebeln (etwa 150 g)
1 Knoblauchzehe
2 EL Pflanzenöl, z. B. Rapsöl
1 ½ EL Tomatenmark
1 TL Paprikapulver rosenscharf
1 TL Kümmelsamen
etwa 350 ml Gemüsebrühe
Salz
gem. Pfeffer
250 g abgetropfter Seitan (natur; aus dem Kühlregal)
450 g TK-Brechbohnen
4–5 Stängel glatte Petersilie

PRO PORTION:
E: 20 g, F: 6 g, Kh: 36 g, kcal: 290

1. Die Kartoffeln schälen, abspülen und in mundgerechte Stücke schneiden. Zwiebeln und Knoblauch abziehen und fein würfeln.

2. Das Öl in einer großen beschichteten Pfanne mit hohem Rand erhitzen. Zwiebel- und Knoblauchwürfel darin goldbraun andünsten. Die Kartoffelstücke hinzufügen und unter gelegentlichem Rühren einige Minuten mit andünsten. Anschließend Tomatenmark, Paprikapulver und Kümmel unterrühren.

3. Von der Gemüsebrühe 300 ml hinzugießen, mit Salz und Pfeffer würzen. Das Ganze aufkochen, dann zugedeckt bei mittlerer Hitze etwa 10 Minuten garen.

4. Inzwischen den Seitan in etwa 2 cm große Würfel schneiden. Nach den 10 Minuten Garzeit mit den gefrorenen Bohnen in den Topf geben und unterrühren, evtl. noch etwa 50 ml Gemüsebrühe hinzugießen. Den Eintopf zugedeckt etwa 10 Minuten weiterköcheln lassen, dabei ab und zu umrühren.

5. Die Petersilie abspülen und trocken tupfen. Die Blättchen abzupfen und grob zerschneiden. Den Kartoffel-Bohnen-Topf mit Salz und Pfeffer abschmecken und mit Petersilie bestreut servieren.

REZEPTVARIANTE:
Für einen **Kartoffel-Bohnen-Topf mit Zucchini** statt Seitan 300 g Zucchini abspülen und abtrocknen, die Enden abschneiden. Die Zucchini in mundgerechte Stücke schneiden, diese mit den Bohnen in den Topf geben und mitköcheln lassen.

LINSENSUPPE

VEGAN

ZUBEREITUNGSZEIT:
40 Minuten

GARZEIT:
25–30 Minuten

ZUTATEN FÜR 4 PORTIONEN

1 Bund Suppengrün (Sellerie, Möhren, Lauch)
2 mittelgroße Zwiebeln
600 g festkochende Kartoffeln
250 g getrocknete Tellerlinsen
2 EL Pflanzenöl, z. B. Sonnenblumenöl
2 Lorbeerblätter
1,5 l Gemüsebrühe
½ Bund glatte Petersilie
etwas Weißweinessig
Salz
gem. Pfeffer
etwas Zucker

PRO PORTION:
E: 20 g, F: 7 g, Kh: 51 g, kcal: 346

1. Das Suppengrün vorbereiten: Den Sellerie und die Möhre putzen, schälen, abspülen und abtropfen lassen. Den Lauch putzen, die Stange längs halbieren, gründlich waschen und abtropfen lassen.

2. Möhren in Scheiben, Sellerie in Würfel und Lauch in kleine Stücke schneiden. Die Zwiebeln abziehen und in kleine Würfel schneiden.

3. Die Kartoffeln schälen, abspülen, abtropfen lassen und in 1–2 cm große Würfel schneiden. Die Linsen in einem Sieb mit kaltem Wasser abspülen und abtropfen lassen.

4. Das Pflanzenöl in dem Topf erhitzen. Gemüsestücke und Kartoffelwürfel darin unter gelegentlichem Rühren andünsten. Lorbeerblätter, Gemüsebrühe und Linsen hinzufügen. Die Zutaten zum Kochen bringen und zugedeckt bei mittlerer Hitze 25–30 Minuten köcheln lassen.

5. Die Petersilie abspülen und trocken tupfen, die Blätter von den Stängeln zupfen und klein schneiden. Die Linsensuppe mit Essig, Salz, gemahlenem Pfeffer und Zucker abschmecken. Die Lorbeerblätter herausnehmen. Die Suppe mit Petersilie bestreut servieren.

TIPPS:
Reichen Sie noch einige Scheiben Vollkorn- oder Roggenbrot dazu. Schneller geht es, wenn Sie die Linsensuppe mit Linsen aus der Dose zubereiten. Dazu die vorbereiteten Kartoffeln in 1 l Gemüsebrühe etwa 15 Minuten bei mittlerer Hitze zugedeckt kochen. Dann 1 Dose Linsen mit Suppengrün (800 g) hinzufügen und alles noch weitere 5 Minuten kochen. Mit Salz, gemahlenem Pfeffer, Essig und Zucker abschmecken.

TOSKANISCHER WIRSINGEINTOPF

ZUBEREITUNGSZEIT:
20 Minuten

GARZEIT:
35–45 Minuten

ZUTATEN FÜR 4 PORTIONEN

2 Knoblauchzehen
2 mittelgroße Zwiebeln (etwa 120 g)
3 EL Olivenöl
1 Lorbeerblatt
2 Stängel Thymian
½ Kopf Wirsing (etwa 800 g)
700 ml Gemüsebrühe
500 g festkochende Kartoffeln
Salz
gem. Pfeffer
ger. Muskatnuss
240 g abgetropfte große weiße Bohnenkerne (aus der Dose)
400 g stückige Tomaten (aus der Dose)
75 g fein ger. ital. Hartkäse, z. B. Montello
milder Balsamico-Essig oder Balsamico-Creme zum Aromatisieren

PRO PORTION:
E: 19 g, F: 17 g, Kh: 33 g, kcal: 381

1. Knoblauch und Zwiebeln abziehen, fein schneiden. Das Öl in einem großen Topf erhitzen. Knoblauch, Zwiebeln und Lorbeerblatt darin andünsten. Den Thymian abspülen, trocken tupfen und dazugeben.

2. Den Wirsing putzen, abspülen, abtropfen lassen und in Spalten schneiden, den Strunk herausschneiden. Den Wirsing in Stücke schneiden, dabei nach Belieben die dicken Blattrippen entfernen. Die Wirsingstücke zu den Knoblauch- und Zwiebelwürfeln in den Topf geben und mit andünsten. Die Gemüsebrühe hinzugießen und alles zum Kochen bringen.

3. Die Kartoffeln schälen, abspülen, abtropfen lassen und halbieren. Die Kartoffelhälften zum Wirsing geben und untermischen. Mit Salz, Pfeffer und Muskatnuss würzen. Alles zugedeckt bei mittlerer Hitze etwa 20 Minuten kochen lassen.

4. In der Zwischenzeit die Bohnen in ein Sieb geben, mit kaltem Wasser abspülen und abtropfen lassen.

5. Die Tomatenstücke mit dem Saft unter die Eintopfzutaten mischen, nochmals nachwürzen und alles 10–15 Minuten weiterkochen lassen. Die Bohnen unter den Eintopf mischen und weitere 5–10 Minuten kochen lassen.

6. Inzwischen den Käse fein reiben. Den Eintopf nochmals abschmecken, mit Essig oder Balsamico-Creme und geriebenem Käse anrichten.

TIPPS:
Im Gemüsefach des Kühlschranks bleibt Wirsing etwa 1 Woche frisch. Die dicken Blattrippen eignen sich noch wunderbar als Zutat für eine Gemüsebrühe (siehe Seite 12).
Ohne den geriebenen Käse eignet sich der Eintopf auch für Veganer.

RATATOUILLE

VEGAN

ZUBEREITUNGSZEIT:
60 Minuten

ZUTATEN FÜR 4 PORTIONEN

2 große Zwiebeln (etwa 300 g)
4 Knoblauchzehen
je 1 rote, gelbe und grüne Paprikaschote (etwa 500 g)
1 Aubergine (etwa 250 g)
1 Zucchini (etwa 250 g)
6 EL Olivenöl
Salz
gem. Pfeffer
2 Dosen stückige Tomaten (je 400 g)
1 Zweig Rosmarin
1 Zweig Thymian

PRO PORTION:
E: 6 g, F: 15 g, Kh: 20 g, kcal: 258

1. Die Zwiebeln und den Knoblauch abziehen. Die Zwiebeln mit einem Gemüsehobel in dünne Ringe hobeln oder mit einem Messer in dünne Ringe schneiden.

2. Die Paprikaschoten halbieren, entstielen und entkernen, dabei auch die weißen Scheidewände entfernen. Die Schoten abspülen, abtropfen lassen und in feine Streifen schneiden. Die Aubergine und die Zucchini abspülen, abtrocknen und die Enden abschneiden, das Gemüse in 1 ½ cm große Würfel schneiden.

3. Etwa 3 Esslöffel Öl in einer ausreichend großen Pfanne erhitzen und die Zwiebelringe sowie die Paprikastreifen darin etwa 20 Minuten dünsten. Dabei hin und wieder umrühren und das Gemüse mit etwas Salz und Pfeffer würzen.

4. Den Knoblauch durch eine Presse in die Pfanne drücken, dann die Tomaten dazugeben. Alles vermengen und ohne Deckel unter gelegentlichem Rühren bei mittlerer Hitze etwa 25 Minuten köcheln lassen.

5. In der Zwischenzeit die Auberginen- und Zucchiniwürfel in zwei Durchgängen mit jeweils 1 ½ Esslöffel Olivenöl in einer zweiten Pfanne je etwa 5 Minuten anbraten, dabei mit Salz und Pfeffer würzen.

6. Die Kräuter abspülen und trocken tupfen, die Nadeln bzw. Blättchen von den Zweigen zupfen. Den Rosmarin nach Belieben grob hacken.

7. Nach den 25 Minuten Garzeit die angebratenen Auberginen- sowie Zucchiniwürfel und die Kräuter unter das Paprika-Tomaten-Gemüse mischen. Das Ratatouille mit Salz und Pfeffer abschmecken und bei Bedarf nochmals kurz erhitzen.

TIPPS:
Zusammen mit knusprigen Rosmarinkartoffeln oder Kartoffelecken ergibt das Ratatouille ein sättigendes Essen.
Ist vom Ratatouille noch etwas übrig, kann man es auf Baguette- oder Vollkornbrotscheiben servieren. Die Brotscheiben dafür in einer Pfanne oder einem Toaster kurz anrösten, auf einem Teller oder Brett leicht salzen und mit einer Knoblauchzehe abreiben.

BARBECUE-TOFU-EINTOPF

ZUBEREITUNGSZEIT:
45 Minuten

GARZEIT:
45 Minuten

ZUTATEN FÜR 4 PORTIONEN

400 g festkochende Kartoffeln
2 rote Zwiebeln
125 g Cocktailtomaten
1 kleine Zucchini
500 g Hokkaido-Kürbis
etwa 1 TL Hickory-Rauchsalz
gem. Pfeffer
6 EL Olivenöl
2 Knoblauchzehen
2 EL Tomatenmark
2 EL brauner Zucker
250 g Räuchertofu (aus dem Kühlregal)
2 EL Weizenmehl (Type 405)
800 ml Gemüsebrühe
100 g Tomatenketchup
Salz
1 Msp. Cayennepfeffer
140 g abgetropfter Gemüsemais (aus der Dose)
2–3 TL Worcestersauce
1 Bund Schnittlauch
150 g Ziegenfrischkäse

PRO PORTION:
E: 20 g, F: 23 g, Kh: 39 g, kcal: 449

1. Die Kartoffeln schälen, abspülen, abtropfen lassen und in Spalten schneiden. Die Zwiebeln abziehen, halbieren und in Spalten schneiden. Die Tomaten abspülen, abtropfen lassen und halbieren, dabei die Stängelansätze entfernen.

2. Die Zucchini abspülen und abtropfen lassen, die Enden abschneiden. Die Zucchini längs halbieren und in etwa 1 cm dicke Scheiben schneiden. Den Kürbis abspülen, trocken tupfen und halbieren, die Kerne und den faserigen Innenteil mit einem Löffel herausschaben. Den Kürbis in mundgerechte Stücke schneiden. Kartoffeln, Zwiebeln, Tomaten, Zucchini und Kürbis in einer großen Schüssel mit 1 gestrichenen Teelöffel Rauchsalz, 1 Msp. Pfeffer und 4 Esslöffel Olivenöl mischen.

3. Ein Backblech mit Backpapier belegen. Den Backofen vorheizen.
Ober-/Unterhitze: etwa 180 °C
Heißluft: etwa 160 °C

4. Das vorbereitete Gemüse auf dem Blech verteilen, dabei die Tomatenhälften mit den Schnittflächen nach unten legen. Das Blech in den Backofen schieben. Das Gemüse etwa 45 Minuten garen.

5. In der Zwischenzeit den Knoblauch abziehen und fein würfeln. Restliches Olivenöl mit Tomatenmark, Zucker und Knoblauch in einem großen Topf (das Gemüse aus dem Backofen soll auch noch mit hineinpassen) erhitzen.

6. Den Tofu zerbröckeln, in den Topf geben und bei mittlerer bis starker Hitze kurz mit anbraten. Das Mehl daraufstäuben und gut unterrühren. Nach und nach Gemüsebrühe und Ketchup unterrühren. Die Sauce unter Rühren aufkochen lassen, dann zugedeckt bei schwacher Hitze 10–15 Minuten unter gelegentlichem Umrühren kochen lassen.

7. Die Sauce mit Salz und Cayennepfeffer würzen. Das Gemüse aus dem Backofen nehmen und mit dem Mais vorsichtig unter die Sauce rühren. Den Eintopf mit ein wenig Rauchsalz und Worcestersauce abschmecken.

8. Zum Servieren den Schnittlauch abspülen, trocken tupfen und in feine Röllchen schneiden. Den Ziegenfrischkäse grob zerbröseln oder kleine Nocken abstechen, die Schnittlauchröllchen daraufstreuen und zum Eintopf reichen.

CHILI SIN CARNE

VEGAN

ZUBEREITUNGSZEIT:
35 Minuten

GARZEIT:
15 Minuten

ZUTATEN FÜR 4 PORTIONEN

150 g feine Sojaschnetzel
Gemüsebrühe (Menge nach Packungsanleitung der Sojaschnetzel)
2 Zwiebeln (etwa 100 g)
2 Knoblauchzehen
½–1 rote Chilischote
je 2 kleine rote und grüne Paprikaschoten (etwa 600 g)
4 EL Olivenöl
1 TL gem. Kreuzkümmel (Cumin)
1 TL Paprikapulver edelsüß
500 ml Gemüsebrühe
500 g passierte Tomaten
1 Dose Gemüsemais (Abtropfgewicht 285 g)
1 Dose Kidneybohnen (Abtropfgewicht 255 g)
Salz
5 Stängel glatte Petersilie
3 Stängel Koriander
150 g Hafer- oder Sojakochcreme (Creme Cuisine)

PRO PORTION:
E: 32 g, F: 21 g, Kh: 38 g, kcal: 508

1. Die Sojaschnetzel mit Gemüsebrühe nach Packungsanleitung zubereiten und quellen lassen, dann evtl. in einem Sieb abtropfen lassen.

2. Inzwischen Zwiebeln und Knoblauch abziehen. Zwiebeln in kleine Würfel und Knoblauch in dünne Scheiben schneiden. Die Chilischote entstielen, abspülen, trocken tupfen und mit den Kernen in dünne Ringe schneiden. Die Paprikaschoten halbieren, entstielen und entkernen, dabei auch die weißen Scheidewände entfernen. Die Schotenhälften abspülen, abtropfen lassen und in etwa 2 cm große Stücke schneiden.

3. Das Olivenöl in einem weiten flachen Topf erhitzen. Zwiebeln und Knoblauch darin andünsten. Kreuzkümmel und Paprikapulver unterrühren und ganz kurz mitrösten. Die Chiliringe unterrühren. Die Gemüsebrühe mit den Tomaten dazugeben. Die Sojaschnetzel mit zwei Gabeln auflockern und mit den Paprikastücken in den Topf geben und unterrühren.

4. Das Chili zum Kochen bringen, dann zugedeckt bei schwacher Hitze etwa 10 Minuten köcheln lassen. Dabei ab und zu umrühren.

5. Den Mais und die Kidneybohnen in ein Sieb abgießen, kalt abspülen und gut abtropfen lassen. Beides unter das Chili rühren und etwa 5 Minuten mitgaren. Das Chili sin Carne mit Salz abschmecken.

6. Die Petersilie und den Koriander abspülen und trocken tupfen. Die Blättchen von den Stängeln zupfen und nach Kräutern getrennt klein schneiden. Die Petersilie unter das Chili mischen.

7. Das Chili anrichten und mit Koriander bestreuen. Die Kochcreme dazureichen oder auf das Chili geben.

TIPPS:
Servieren Sie zum Chili frisches Fladenbrot oder warme Weizen-Tortillafladen.
Für mehr Frische geben Sie kurz vor Ende der Garzeit klein geschnittene Tomaten ins Chili.

KICHERERBSENSUPPE

VEGAN

ZUBEREITUNGSZEIT:
20 Minuten

EINWEICHZEIT:
mind. 12 Stunden

GARZEIT:
60–90 Minuten

ZUTATEN FÜR 2 PORTIONEN

125 g getrocknete Kichererbsen
375 ml Gemüsebrühe oder Hefebrühe
1 Knoblauchzehe
1 kleine Zwiebel
½–1 rote Chilischote
1 EL Sonnenblumenöl
½ TL Garam Masala (indische Gewürzmischung)
1 TL mildes Currypulver
150 g Staudensellerie
1 Möhre (etwa 100 g)
1 kleine Stange Lauch (etwa 125 g)
4 getrocknete Aprikosen
1 EL Rosinen
4 EL Orangensaft
evtl. 75 g Soja-Joghurtalternative

PRO PORTION:
E: 17 g, F: 11 g, Kh: 51 g, kcal: 412

1. Zum Vorbereiten die Kichererbsen mit 300 ml kaltem Wasser in einen mittelgroßen Topf geben und mindestens 12 Stunden einweichen (z. B. über Nacht).

2. Die Kichererbsen mit dem Einweichwasser (siehe Seite 9) und der Brühe im Topf zum Kochen bringen. Zugedeckt bei mittlerer Hitze nach Packungsanleitung fast gar köcheln lassen (dauert in der Regel 60–90 Minuten).

3. Inzwischen Knoblauch und Zwiebel abziehen und fein würfeln. Die Chili längs halbieren, entstielen und entkernen, dabei auch die weißen Scheidewände entfernen. Die Schote abspülen, trocken tupfen und in feine Ringe oder Streifen schneiden.

4. Das Sonnenblumenöl in einer kleinen beschichteten Pfanne erhitzen. Knoblauch- und Zwiebelwürfel darin unter Rühren kurz andünsten. Chili, Garam Masala und Currypulver hinzufügen, unter gelegentlichem Rühren mitdünsten. Die Pfanne von der Kochstelle nehmen.

5. Den Staudensellerie putzen, dabei die harten Außenfäden abziehen, abspülen und abtropfen lassen. Die Möhre putzen, schälen, abspülen und abtropfen lassen. Den Lauch putzen, die Stange längs halbieren, gründlich waschen und abtropfen lassen. Sellerie, Möhre und Lauch in dünne Scheiben schneiden.

6. Sellerie- und Möhrenscheiben mit der Knoblauch-Zwiebel-Masse zu den Kichererbsen in den Topf geben. Alles zugedeckt etwa 10 Minuten weiterköcheln lassen, bis die Kichererbsen und das Gemüse gar sind.

7. Die Aprikosen in feine Würfel schneiden. Mit Lauchscheiben, Rosinen und Orangensaft in den Topf geben und unterrühren. Mit etwas Salz abschmecken. Eventuell Soja-Joghurtalternative dazu reichen.

TIPP:
Wenn es schnell gehen soll, statt der getrockneten Kichererbsen 1 Dose Kichererbsen (Abtropfgewicht 265 g) verwenden. Die Kichererbsen in ein Sieb geben, kalt abspülen und abtropfen lassen. Mit 500 ml Gemüsebrühe in einem Topf aufkochen. Dann die Kichererbsensuppe damit wie ab Punkt 3 beschrieben zubereiten.

LINSEN-HIRSE-TOPF INDISCHE ART

VEGAN

ZUBEREITUNGSZEIT:
15 Minuten

GARZEIT:
20 Minuten

ZUTATEN FÜR 6 PORTIONEN

280 g Hirse
280 g rote Linsen
3 Knoblauchzehen
2 Möhren
1 mittelgroße Süßkartoffel
je 1 rote und gelbe Paprikaschote
1 kleines Bund Kräuter, z. B. glatte Petersilie, Koriander und Schnittlauch
2 EL Kokosöl
2 EL gem. Kurkuma (Gelbwurz)
1 EL gem. Kreuzkümmel (Cumin)
1 EL gem. Koriander
½ EL gem. Ingwer
1 Msp. gem. Zimt
Salz
gem. Pfeffer

PRO PORTION:
E: 28 g, F: 10 g, Kh: 101 g, kcal: 648

1. Hirse und Linsen in einem Sieb unter fließendem kaltem Wasser abspülen und abtropfen lassen.

2. Den Knoblauch abziehen und durch eine Knoblauchpresse drücken. Die Möhren putzen. Süßkartoffel und Möhren schälen, abspülen, abtropfen lassen und in etwa erbsengroße Würfel schneiden. Die Paprikaschoten halbieren, entstielen und entkernen, dabei auch die weißen Scheidewände entfernen. Die Schotenhälften abspülen, abtropfen lassen und ebenfalls in erbsengroße Würfel schneiden.

3. Die Kräuter abspülen und trocken tupfen. Die Blättchen von den Stängeln zupfen und grob zerschneiden, Schnittlauch in Röllchen schneiden.

4. Das Kokosöl in einem großen Topf erhitzen. Knoblauch, Kurkuma, Kreuzkümmel, Koriander, Ingwer, Zimt sowie etwas Salz und Pfeffer hinzufügen und kurz anbraten. Hirse und Linsen dazugeben und kurz mit den Gewürzen verrühren. Dann 3 l Wasser hinzugießen.

5. Die Zutaten zum Kochen bringen, dann zugedeckt bei mittlerer Hitze etwa 10 Minuten köcheln. Dabei ab und zu umrühren.

6. Das gewürfelte Gemüse in den Topf geben, alles wieder zum Kochen bringen und zugedeckt in etwa 10 Minuten fertig garen. Wird der Eintopf dabei zu dick, noch etwas Wasser hinzugießen.

7. Den Eintopf kräftig mit Salz und Pfeffer abschmecken und mit den Kräutern bestreut servieren.

TIPP:
Den Linsen-Hirse-Topf mit der abgeriebenen Schale und dem Saft von 1 Bio-Zitrone abschmecken.

LINSENCURRY MIT AUBERGINEN

ZUBEREITUNGSZEIT:
30 Minuten

EINWEICHZEIT:
12 Stunden

GARZEIT:
25–30 Minuten

ZUTATEN FÜR 4 PORTIONEN

125–150 g Teller- oder Belugalinsen
2 EL Pflanzenöl zum Anbraten
75–100 g Cashewkerne
2 Knoblauchzehen
2 Zwiebeln
3 Möhren (etwa 200 g)
125 g Staudensellerie
1 Stange Lauch (etwa 200 g)
800 g Auberginen
1 EL Tomatenmark
250 g Schlagsahne
etwa 150 ml Gemüsebrühe
Salz
gem. Pfeffer
mildes Currypulver

PRO PORTION:
E: 17 g, F: 34 g, Kh: 32 g, kcal: 534

1. Die Tellerlinsen mit Wasser bedeckt etwa 12 Stunden einweichen (z. B. über Nacht), Belugalinsen müssen nicht eingeweicht werden.

2. Das Pflanzenöl in einem großen Schmortopf erhitzen und die Cashewkerne darin bei mittlerer Hitze unter Wenden anrösten. Herausnehmen und auf einen Teller geben.

3. Knoblauch und Zwiebeln abziehen und fein schneiden. Die Möhren putzen, unter fließendem kaltem Wasser abbürsten, abtropfen lassen und in Scheiben schneiden. Den Sellerie putzen, abspülen, abtropfen lassen. Den Sellerie mit dem Grün fein schneiden. Den Lauch putzen, die Stange längs halbieren, gründlich waschen, abtropfen lassen und in Streifen schneiden. Die Auberginen abspülen und abtropfen lassen, die Stängelansätze abschneiden. Dann die Auberginen in 2–3 cm große Würfel schneiden.

4. Zwiebeln, Knoblauch und Auberginenwürfel in dem Schmortopf im verbliebenen Pflanzenöl unter Rühren anbraten. Möhrenscheiben, Lauchstreifen, Sellerie und Tomatenmark dazugeben und mit andünsten. Sahne und Gemüsebrühe hinzugießen. Mit Salz, Pfeffer und reichlich Currypulver würzen.

5. Das Gemüse zugedeckt bei schwacher Hitze etwa 5 Minuten köcheln. Inzwischen die eingeweichten Linsen in einem Sieb abtropfen lassen.

6. Die Linsen unter das Gemüse mischen. Das Curry bei schwacher Hitze 20–25 Minuten kochen lassen, bis es sämig ist und die Linsen gar sind. Evtl. noch etwas Brühe hinzugießen, sodass alle Zutaten knapp mit Flüssigkeit bedeckt garen.

7. Das Auberginen-Linsen-Curry vor dem Servieren nochmals mit Salz, Pfeffer und Curry abschmecken. Dazu passt Joghurt (3,5 % Fett).

TIPP:
Für ein veganes Curry können Sie die Schlagsahne durch eine vegane Kochcreme oder durch Kokosmilch ersetzen.

AUS DEM BACKOFEN

FETA-GEMÜSE-SPIESSE

ZUBEREITUNGSZEIT:
45 Minuten

GRILLZEIT:
6–8 Minuten

ZUTATEN FÜR 12 SPIESSE

1 Glas Fetakäsewürfel in Öl (Abtropfgewicht 150 g; etwa 36 Würfel)
24 Cocktailtomaten
24 mittelgroße Champignons
2 dünne Zucchini
Salz
gem. Pfeffer

ZUSÄTZLICH:
12 Spieße (z. B. Bambus- oder Metallspieße, etwa 20 cm lang)
etwas Pflanzenöl zum Bestreichen

PRO SPIESS:
E: 8 g, F: 8 g, Kh: 2 g, kcal: 107

1. Die Käsewürfel in einem Sieb abtropfen lassen, dabei 2–3 Esslöffel Öl auffangen.

2. Die Tomaten abspülen und abtrocknen, evtl. die Stängelansätze herausschneiden. Von den Champignons jeweils den Stiel knapp unter dem Hut abschneiden, die Pilze evtl. kurz abspülen und trocken tupfen.

3. Die Zucchini abspülen und abtrocknen, die Enden abschneiden. Die Zucchini mithilfe des Sparschälers längs in etwa 36 sehr dünne Scheiben schneiden.

4. Die Käsewürfel mit je 1 Zucchinischeibe umwickeln. Jeweils 2 Cocktailtomaten, 2 Champignons und 3 Zucchini-Käsepäckchen abwechselnd auf die Spieße stecken. Die Spieße mit dem aufgefangenen Öl des Fetakäses bestreichen.

5. Den Backofengrill vorheizen (etwa 240 °C).

6. Das Backblech mit etwas Pflanzenöl einstreichen. Die Spieße mit etwas Salz sowie Pfeffer würzen und auf das Backblech legen.

7. Das Backblech im oberen Drittel des Backofens unter den vorgeheizten Grill schieben. Die Spieße 6–8 Minuten grillen, dabei zwischendurch wenden und evtl. nochmals mit etwas Öl bestreichen.

TIPPS:
Zu den Spießen frisches Fladenbrot reichen.
Die Feta-Gemüse-Spieße können Sie etwa 5 Stunden vor dem Servieren bis einschließlich Punkt 4 vorbereiten. Dann zugedeckt in den Kühlschrank stellen.
Wer keinen Feta mag, nimmt stattdessen 250 g Halloumikäse (halbfester Schnittkäse aus Zypern) und schneidet diesen in etwa 36 gleich große Würfel. Die Spieße dann mit 2–3 Esslöffel Olivenöl (statt des aufgefangenen Öls vom Feta) bestreichen.

REZEPTVARIANTE:
Für **vegane Gemüsespieße** statt Feta und Öl 4 dünne Zucchini verwenden. Zucchini abspülen, abtrocknen und die Enden abschneiden. Jede Zucchini in 9 gleich dicke Scheiben schneiden. Jeweils 2 Cocktailtomaten, 2 Champignons und 3 Zucchinischeiben abwechselnd auf die Spieße stecken. Damit das Gemüse gleichmäßig gart, Cocktailtomaten, Champignons und Zucchinischeiben waagerecht aufspießen. Die Spieße mit 2–3 Esslöffel Olivenöl bestreichen. Wie im Rezept unter Punkt 5 beschrieben fortfahren.

ZWEIERLEI POMMES AUS DEM BACKOFEN

VEGAN

ZUBEREITUNGSZEIT:
je 20 Minuten, ohne Ruhezeit

BACKZEIT:
25 Minuten bzw. 35 Minuten

ZUTATEN FÜR JEWEILS 4 PORTIONEN

FÜR SÜSSKARTOFFELPOMMES:
etwa 800 g Süßkartoffeln
1 TL Paprikapulver edelsüß
½ TL Cayennepfeffer
½ TL Kreuzkümmel
3–4 geh. TL Maistärke
3–4 TL Sonnenblumenöl

FÜR POMMES FRITES:
6–8 große, vorwiegend festkochenden Kartoffeln (etwa 1 kg)
5–6 EL Sonnenblumenöl
1 TL Paprikapulver edelsüß
Salz

PRO PORTION:

SÜSSKARTOFFELPOMMES:
E: 4 g, F: 6 g, Kh: 51 g, kcal: 275

POMMES FRITES:
E: 4 g, F: 13 g, Kh: 30 g, kcal: 258

1. Für **Süßkartoffelpommes** (im Foto unten) die Süßkartoffeln waschen, bei Bedarf mit einer Gemüsebürste abschrubben und in etwa 1 cm dicke Stäbchen schneiden. Kartoffelstäbchen in einer ausreichend großen Schüssel mit kaltem Wasser bedecken und etwa 1 Stunde ruhen lassen. Anschließend die Kartoffeln in einem Sieb gut abtropfen lassen.

2. Ein Backblech mit Backpapier auslegen. Den Backofen vorheizen.
Ober-/Unterhitze: etwa 230 °C
Heißluft: etwa 210 °C

3. Die Süßkartoffelstäbchen auf Küchenpapier oder einem sauberen Küchenhandtuch ausbreiten und trocken tupfen. Paprikapulver, Cayennepfeffer, Kreuzkümmel, Stärke und Öl in einen großen Gefrierbeutel geben. Gut abgetrocknete Süßkartoffeln ebenfalls in den Beutel geben.

4. Den Beutel gut verschließen und behutsam schütteln und drehen (am besten über dem Waschbecken, falls der Beutel doch mal aufplatzen sollte), bis sich Gewürze, Stärke und Öl gut vermischt haben und die Mischung an den Kartoffeln haftet. Das Weiß der Stärke sollte nicht mehr erkennbar sein.

5. Die Kartoffelstäbchen auf dem Backblech verteilen. Dabei darauf achten, dass sie sich nicht berühren. Falls der Platz auf dem Backblech nicht reicht, die restlichen Pommes in einem zweiten Durchgang backen.

6. Das Backblech in den vorgeheizten Backofen schieben. Die Süßkartoffelpommes etwa 25 Minuten backen, dabei nach etwa 15 Minuten mit einem Pfannenwender umdrehen. Den Ofen ausschalten und die Backofentür öffnen, damit die feuchte Luft aus dem Garraum abziehen kann. Die Pommes noch einige Minuten im Ofen ruhen lassen, dabei werden sie noch knuspriger. Die Kartoffeln salzen und servieren.

7. Für **Pommes frites** (im Foto oben) ein Backblech mit Backpapier auslegen. Den Backofen vorheizen.
Ober-/Unterhitze: etwa 220 °C
Heißluft: etwa 200 °C

8. Die Kartoffeln schälen, abspülen, abtropfen lassen und längs in etwa 1½ cm dicke Stäbchen schneiden. Öl und Paprikapulver in einer ausreichend großen Schüssel verrühren. Kartoffelstäbchen dazugeben und gut mit dem Paprikaöl vermischen.

9. Die Kartoffelstäbchen gleichmäßig auf dem Backblech verteilen. Das Backblech in den vorgeheizten Backofen schieben. Die Pommes in etwa 35 Minuten goldbraun und knusprig backen, dabei nach etwa der Hälfte der Garzeit mit einem Pfannenwender umdrehen. Das Blech aus dem Ofen nehmen. Die Pommes in eine Schüssel geben, mit Salz würzen und sofort servieren.

BLECHKARTOFFELN MIT KRÄUTERQUARK

ZUBEREITUNGSZEIT:
20 Minuten

ZIEHZEIT:
30 Minuten

BACKZEIT:
40 Minuten

ZUTATEN FÜR 8 PORTIONEN

FÜR DIE KARTOFFELN:
1,2 kg mittelgroße festkochende Kartoffeln (Schale ohne grüne Stellen und Keime)
2 Knoblauchzehen
4 Stängel Thymian
2 Zweige Rosmarin
5 EL Olivenöl
1 Msp. Chiliflocken
Salz
gem. Pfeffer

FÜR DEN QUARK:
500 g Magerquark
150 g Crème fraîche
je 2 TL klein geschnittener Kerbel, Petersilie und Dill
2 TL Schnittlauchröllchen
½ TL gem. Kümmel
Salz
gem. Pfeffer

PRO PORTION:
E: 12 g, F: 12 g, Kh: 25 g, kcal: 265

1. Die Kartoffeln unter fließendem kaltem Wasser gründlich abbürsten, dann abtrocknen.

2. Für die Marinade den Knoblauch abziehen und klein hacken. Thymian und Rosmarin abspülen und trocken tupfen. Die Blättchen bzw. Nadeln von den Stängeln zupfen und grob zerschneiden.

3. Das Olivenöl mit Knoblauch, Kräutern, Chiliflocken sowie etwas Salz und Pfeffer verrühren. Die Kartoffeln mit der Schale der Länge nach halbieren, in die Marinade geben, vermengen und mindestens 30 Minuten durchziehen lassen.

4. Den Backofen vorheizen.
Ober-/Unterhitze: etwa 200 °C
Heißluft: etwa 180 °C

5. Die Kartoffelhälften mit den Schnittflächen nach oben auf ein Backblech legen und mit der restlichen Marinade beträufeln. Das Blech in den vorgeheizten Backofen schieben. Die Kartoffeln etwa 40 Minuten backen, bis sie goldbraun sind.

6. In der Zwischenzeit für den Kräuterquark Quark, Crème fraîche, Kräuter und Kümmel verrühren. Den Kräuterquark mit Salz und Pfeffer abschmecken und zu den Blechkartoffeln servieren.

TIPP:
Um die Garzeit zu verkürzen, Kartoffeln schälen, ganz lassen und etwa 10 Minuten vorkochen. In ein Sieb abgießen, dann mit der Marinade vermengen und durchziehen lassen. Die Garzeit im Backofen beträgt dann nur etwa 20 Minuten. Nach der Hälfte der Garzeit die Kartoffeln wenden.

REZEPTVARIANTE:
Für **Kartoffelspalten mit roten Zwiebeln** Kartoffeln wie beschrieben vorbereiten, allerdings in Achtel schneiden. Die Marinade nur aus Salz, Pfeffer und Olivenöl zubereiten. 500 g rote Zwiebeln abziehen und in Scheiben schneiden. Nach der Hälfte der Garzeit die Zwiebeln und 3 Zweige abgespülten, trocken getupften Rosmarin auf das Blech zu den Kartoffeln geben.

BBQ-BLUMENKOHL-WINGS

VEGAN

ZUBEREITUNGSZEIT:
20 Minuten

BACKZEIT:
40 Minuten

ZUTATEN FÜR 2 PORTIONEN

1 Blumenkohl (etwa 1,2 kg)
180 ml Pflanzendrink
400 ml BBQ-Sauce, je nach Geschmack
100 g Kichererbsenmehl
1 geh. TL Knoblauchpulver
2 EL Pflanzenöl
1 TL Paprikapulver edelsüß
½ TL geräuchertes Paprikapulver
Salz

PRO PORTION:
E: 30 g, F:15 g, Kh: 104 g, kcal: 726

1. Ein Backblech mit Backpapier belegen. Den Backofen vorheizen.
Ober-/Unterhitze: etwa 220 °C
Heißluft: etwa 200 °C

2. Vom Blumenkohl die Blätter und den dicken Strunk entfernen. Den Blumenkohl abspülen, abtropfen lassen und in einzelne Röschen teilen.

3. Den Pflanzendrink mit 225 ml BBQ-Sauce, 60 ml Wasser, Kichererbsenmehl, Knoblauchpulver, Pflanzenöl, beiden Paprikapulversorten und 2 TL Salz in einer Schüssel zu einem glatten Teig verrühren. Die Blumenkohlröschen portionsweise vorsichtig in dem Teig wenden.

4. Die Röschen aus dem Teig nehmen, gut abtropfen lassen und mit Abstand zueinander auf dem Blech verteilen. Jedes Röschen sollte für sich liegen, damit es beim Garen von allen Seiten gleichmäßig braun und knusprig wird.

5. Das Blech in den vorgeheizten Backofen schieben. Die Blumenkohl-Wings etwa 20 Minuten garen.

6. Das Blech aus dem Ofen nehmen. Die BBQ-Blumenkohl-Wings mit der Hälfte der restlichen BBQ-Sauce (etwa 90 ml) bestreichen. Zurück in den Ofen schieben und in etwa 20 Minuten fertig backen.

7. Die BBQ-Blumenkohl-Wings zusammen mit der noch übrigen BBQ-Sauce servieren.

REZEPTVARIANTE:
Für **Blumenkohlsteaks mit Kapernsalsa** den Backofen vorheizen (Ober-/Unterhitze: etwa 220 °C, Heißluft: etwa 200 °C). Von 1 Blumenkohl (etwa 1,2 kg) die Blätter entfernen. Blumenkohl abspülen, abtropfen lassen, mit dem Strunk nach unten auf ein Schneidebrett legen und waagerecht in 2 cm dicke Scheiben schneiden. 1 Knoblauchzehe abziehen, durchpressen und mit 4 Esslöffel Olivenöl und 1 Teelöffel geräuchertem Paprikapulver verrühren. Blumenkohl rundum mit dem Würzöl bestreichen, mit Salz und Pfeffer würzen. Auf einem Backblech (mit Backpapier belegt) im Ofen 25–30 Minuten backen. Für die Salsa 12 halb getrocknete Tomaten in Öl abtropfen lassen, dabei 2–3 Esslöffel Öl auffangen. Tomaten, 12 schwarze Oliven (ohne Stein) und 1 gehäuften Esslöffel Kapern klein hacken und in eine Schüssel geben. 1 Bio-Limette heiß abwaschen und abtrocknen, Schale abreiben. Limette halbieren und Saft auspressen. Aufgefangenes Tomatenöl, 4 Esslöffel Olivenöl, Limenttenschale und -saft verrühren, unter die Kapernmischung mengen. 2 Stängel Basilikum abspülen und trocken tupfen. Blättchen abzupfen, in Streifen schneiden und unter die Salsa heben. Mit Salz, Pfeffer und Agavendicksaft abschmecken.

STECKRÜBEN-WEDGES MIT GEMÜSE-ZAZIKI

ZUBEREITUNGSZEIT:
25 Minuten

BACKZEIT:
20–25 Minuten

ZUTATEN FÜR 4 PORTIONEN

FÜR DIE WEDGES:
1 kleine Steckrübe (etwa 900 g)
3 Stängel frischer
oder ½ TL gerebelter Majoran
Salz, gem. Pfeffer
Paprikapulver edelsüß
evtl. gem. Kreuzkümmel (Cumin)
30 g gehackte Mandeln
35 g Sonnenblumenkerne
20 g ger. ital. Hartkäse
(z.B. Montello)
50 g Panko oder Semmelbrösel
5 EL Olivenöl
feines Meersalz

FÜR DAS ZAZIKI:
1 Knoblauchzehe, Salz
1 kleine rote Paprikaschote
500 g Sahnequark oder Sahnejoghurt (griechische oder türkische Art)
gem. Pfeffer
2 EL frisch gepresster
Zitronensaft
140 g abgetropfter Gemüsemais
(aus der Dose)
2 Frühlingszwiebeln

PRO PORTION:
E: 24 g, F: 37 g, Kh: 34 g, kcal: 578

1. Für die Wedges die Steckrübe putzen, schälen, abspülen und abtropfen lassen. Die Steckrübe zunächst in etwa 1 cm dicke Scheiben schneiden. Dann die Scheiben in etwa 1 cm breite und 6–7 cm lange Stifte schneiden.

2. Frischen Majoran abspülen und trocken tupfen. Etwas Wasser mit dem Majoran in einem Topf zum Kochen bringen, etwas Salz dazugeben. Die Steckrübenstifte darin zugedeckt etwa 5 Minuten vorkochen. In ein Sieb abgießen, abtropfen lassen und trocken tupfen.

3. In der Zwischenzeit für das Zaziki den Knoblauch abziehen, fein würfeln und auf dem Schneidebrett mit etwas Salz fein zerreiben. Die Paprikaschote halbieren, entstielen und entkernen, dabei auch die weißen Scheidewände entfernen. Die Schotenhälften abspülen, trocken tupfen und sehr fein würfeln.

4. Den Quark oder Joghurt mit Knoblauchwürfeln und Zitronensaft verrühren, mit Salz und Pfeffer abschmecken. Paprikawürfel und Mais unterrühren. Die Frühlingszwiebeln putzen, abspülen, abtropfen lassen und fein schneiden. Das Gemüse-Zaziki mit Frühlingszwiebeln bestreut in einer Schüssel anrichten.

5. Den Backofen vorheizen.
Ober-/Unterhitze: etwa 200 °C
Heißluft: etwa 180 °C

6. Für die Wedges etwas Salz, Pfeffer, Paprikapulver und evtl. Kreuzkümmel mit Mandeln und Sonnenblumenkernen in einem Blitzhacker grob mixen. Käse und Panko oder Semmelbrösel untermischen.

7. Die Steckrübenstifte in einer Schüssel mit dem Olivenöl mischen. Die Mandelmischung daraufstreuen und alles gut vermischen. Auf einem Backblech (mit Backpapier belegt) oder in einer großen Auflaufform (gefettet) verteilen.

8. Das Blech oder die Form auf dem Rost in den vorgeheizten Backofen (Mitte) schieben. Die Steckrüben-Wedges in 20–25 Minuten knusprig rösten. Die Wedges mit Meersalz bestreuen und auf Tellern verteilen. Das Gemüse-Zaziki dazu servieren.

TIPP:
Die Wedges schmecken frisch aus dem Ofen serviert am besten – dann sind sie außen schön knusprig, innen weich und saftig.

ENCHILADAS MIT MANGO-TOMATEN-SAUCE

ZUBEREITUNGSZEIT:
45 Minuten

BACKZEIT:
16–18 Minuten

ZUTATEN FÜR 4 PORTIONEN

FÜR DIE TORITLLAS:
2 rote Zwiebeln (etwa 125 g)
450 g rote Paprikaschoten
250 g Süßkartoffeln
40 g Walnusskerne
3 EL Maiskeimöl
1 gestr. EL gem. Kreuzkümmel (Cumin)
Salz
720 g abgetropfte Kidneybohnen (aus der Dose)
12 Mais-Tortillafladen (Ø je 18–20 cm)

FÜR DIE SAUCE:
1 große rote Zwiebel (etwa 75 g)
½–1 rote Chilischote
1 kleine Mango (etwa 350 g)
300 g passierte Tomaten
125 g Kokosmilch, Salz

ZUM BESTREUEN UND SERVIEREN:
20 g getrocknete Cranberrys
75 g junger Gouda, geraspelt
12 Stängel Koriander
1 Bio-Limette

PRO PORTION:
E: 37 g, F: 39 g, Kh: 127 g, kcal: 1060

1. Für die Tortillafüllung die Zwiebeln abziehen, halbieren und in feine Streifen schneiden. Die Paprikaschoten halbieren, entstielen und entkernen, dabei auch die weißen Scheidewände entfernen. Die Schotenhälften abspülen, abtropfen lassen und in feine Streifen schneiden. Die Süßkartoffeln schälen, abspülen, abtropfen lassen und grob raspeln. Die Walnusskerne hacken.

2. Das Maiskeimöl in einer großen Pfanne erhitzen. Die vorbereiteten Zutaten mit Kreuzkümmel darin unter mehrmaligem Wenden etwa 5 Minuten kräftig andünsten und mit Salz würzen. Die Kidneybohnen in einem Sieb mit kaltem Wasser abspülen und gut abtropfen lassen. Die Bohnen unter die Gemüsemischung in der Pfanne mengen.

3. Den Backofen vorheizen.
Ober-/Unterhitze: etwa 200 °C
Heißluft: etwa 180 °C

4. Für die Sauce die Zwiebel abziehen und fein würfeln. Die Chili abspülen, abtropfen lassen, entstielen und mit den Kernen klein schneiden. Das Fruchtfleisch der ungeschälten Mango an beiden flachen Seiten vom Stein schneiden, dann in breite Streifen schneiden, schälen und in kleine Würfel schneiden. Zwiebelwürfel mit Chili, Mango, passierten Tomaten und Kokosmilch fein pürieren. Mit Salz würzen.

5. Die Tortillas auf der Arbeitsfläche ausbreiten und jeweils etwas Gemüsemasse mittig darauf verteilen. Die Fladen aufrollen und jeweils mit der Naht nach unten in eine große oder vier kleine Auflaufformen (gefettet) legen. Die Mango-Tomaten-Sauce gleichmäßig über die Rollen gießen. Alles gleichmäßig mit Cranberrys und Gouda bestreuen.

6. Die Form auf dem Rost in den vorgeheizten Backofen (unteres Drittel) schieben. Die Enchiladas in 16–18 Minuten goldbraun backen.

7. Inzwischen den Koriander abspülen und trocken tupfen. Die Blättchen von den Stängeln zupfen und grob zerschneiden. Die Limette heiß abwaschen, abtrocknen und vierteln.

8. Die Enchiladas auf Tellern anrichten und mit Koriander bestreut servieren. Limettenviertel dazu reichen.

SPINATLASAGNE

ZUBEREITUNGSZEIT:
50 Minuten

BACKZEIT:
40 Minuten

ZUTATEN FÜR 4 PORTIONEN

60 g Butter
1 Knoblauchzehe
20 g Weizenmehl (Type 405)
600 ml Milch (1,5 % Fett)
200 g cremiger Blauschimmelkäse
Salz
gem. Pfeffer
1 kg Blattspinat
2 Zwiebeln (etwa 100 g)
½–1 rote Chilischote
80 g abgetropfte, entsteinte schwarze Oliven
40 g Pinienkerne
25 g Sultaninen oder Rosinen
9 Lasagneblätter (ohne Vorkochen; etwa 165 g)
8–10 Salbeiblätter
100 g ger. ital. Hartkäse, z. B. Montello

PRO PORTION:
E: 37 g, F: 49 g, Kh: 48 g, kcal: 811

1. Für die Sauce 30 g Butter in einem mittelgroßen Topf zerlassen. Den Knoblauch abziehen, in feine Würfel schneiden und in der Butter andünsten. Das Mehl daraufstäuben und unter Rühren erhitzen, bis es hellgelb ist. Etwa 150 ml Milch hinzugießen und mit einem Schneebesen gut durchrühren, sodass keine Klümpchen entstehen. Restliche Milch nach und nach unterrühren. Die Sauce kurz aufkochen, dann bei schwacher Hitze etwa 10 Minuten köcheln lassen, dabei ab und zu umrühren.

2. Den Blauschimmelkäse in kleine Stücke schneiden oder bröckeln und in der Sauce schmelzen, dabei ab und zu umrühren. Die Sauce mit Salz und Pfeffer abschmecken.

3. Etwa 4 l Wasser mit 4 gestrichenen Teelöffeln Salz in einem großen Topf zum Kochen bringen. Inzwischen den Spinat verlesen, dicke Stängel abschneiden. Den Spinat waschen und abtropfen lassen. Sobald das Salzwasser kocht, den Spinat darin etwa 2 Minuten garen. In ein Sieb abgießen, mit kaltem Wasser abschrecken und gut abtropfen lassen.

4. Die Zwiebeln abziehen und fein würfeln. Die Chilischote entstielen, abspülen, abtropfen lassen und mit den Kernen fein hacken. Die Oliven einmal durchschneiden.

5. Die restliche Butter (30 g) in einer Pfanne zerlassen. Die Zwiebelwürfel und die Pinienkerne darin unter Rühren goldbraun anbraten. Chili, Oliven und Sultaninen oder Rosinen unterrühren und kurz mitdünsten. Den Spinat mit den Händen gut ausdrücken, in die Pfanne geben und unterrühren. Die Spinatmasse mit Salz und Pfeffer würzen.

6. Den Backofen vorheizen.
Ober-/Unterhitze: etwa 180 °C
Heißluft: etwa 160 °C

7. Etwas Sauce in eine große rechteckige Auflaufform (etwa 2,5 l Inhalt; gefettet) geben und mit einem Löffel gleichmäßig darin verteilen. Eine Schicht Lasagneblätter darauflegen und etwas Spinatmasse darauf verteilen. Mit Sauce bedecken und mit jeder Schicht so verfahren, sodass 3 Lasagneschichten entstehen. Die oberste Schicht soll mit Sauce bedeckt sein.

8. Den Salbei abspülen, trocken tupfen und fein schneiden. Die Lasagne mit Salbei und Käse bestreuen. Die Form auf dem Rost in den vorgeheizten Backofen (unteres Drittel) schieben. Die Lasagne etwa 40 Minuten backen. Dann etwas abkühlen lassen und servieren.

LAUCH-CANNELLONI MIT TOMATEN

ZUBEREITUNGSZEIT:
30 Minuten

BACKZEIT:
50 Minuten

ZUTATEN FÜR 4 PORTIONEN

3 große Stangen Lauch (etwa 800 g)
2 Knoblauchzehen
2 EL Olivenöl
Salz
gem. Pfeffer
ger. Muskatnuss
300 g Ricotta, Rahmfrischkäse oder körniger Frischkäse
2 Eigelb (Größe M)
1 TL gerebelte Kräuter der Provence
650 g Fleischtomaten
18–20 Cannelloni
100 g Schlagsahne
175 g ger. Käse, z. B. Gouda
2 EL Semmelbrösel
3 EL ger. ital. Hartkäse, z. B. Montello

ZUSÄTZLICH:
etwas Öl für die Form

PRO PORTION:
E: 39 g, F: 40 g, Kh: 59 g, kcal: 774

1. Den Lauch putzen, die Stangen längs halbieren, gründlich waschen, abtropfen lassen und in feine Streifen schneiden. Den Knoblauch abziehen und fein schneiden.

2. Das Olivenöl in einer großen Pfanne erhitzen. Den Knoblauch und die Lauchstreifen darin unter Wenden etwa 4 Minuten braten. Mit Salz, Pfeffer und Muskatnuss würzen, in eine Schüssel geben und etwas abkühlen lassen. Den Ricotta oder den Frischkäse mit Eigelb, Salz, Pfeffer und Kräutern der Provence glatt verrühren.

3. Den Backofen vorheizen.
Ober-/Unterhitze: etwa 180 °C
Heißluft: etwa 160 °C

4. Die Tomaten abspülen, trocken tupfen und halbieren, die Stängelansätze entfernen. Die Tomaten in feine Würfel schneiden und mit Salz sowie Pfeffer würzen. Eine Auflaufform (etwa 20 × 30 cm) fetten und mit einer Schicht Tomaten auslegen.

5. Die Hälfte der Ricottamischung mit den Lauchstreifen mischen. Die Cannelloni mit der Lauchmischung füllen. Mit restlichen Tomatenwürfeln und übriger Ricottamischung in die Form schichten. Die Sahne gleichmäßig darüberträufeln und mit dem Käse bestreuen. Die Semmelbrösel mit dem Hartkäse mischen, zum Schluss daraufstreuen.

6. Die Form auf dem Rost in den vorgeheizten Backofen (unteres Drittel) schieben. Die Lauch-Cannelloni in etwa 50 Minuten goldbraun backen. Falls die Käsekruste zu stark bräunt, mit Backpapier abdecken.

NUDELAUFLAUF MIT GEMÜSE

MIT ALKOHOL

ZUBEREITUNGSZEIT:
30 Minuten

BACKZEIT:
20 Minuten

ZUTATEN FÜR 4 PORTIONEN

300 g Brokkoli
400 g Nudeln, z. B. Penne Rigate oder Farfalle
Salz
1 Zwiebel (etwa 150 g)
1 Möhre (etwa 90 g)
1 Zucchini (etwa 120 g)
1 EL Pflanzenöl, z. B. Rapsöl
1 Stängel Thymian
1 geh. EL Weizenmehl (Type 405)
50 ml trockener Weißwein
Saft und abger. Schale von 1 Bio-Zitrone
300 ml Milch (1,5 % Fett)
gem. Pfeffer
ger. Muskatnuss
1 kleines Bund Petersilie
200 g ger. Käse, z. B. Gouda

ZUSÄTZLICH:
etwas Speiseöl für die Form

PRO PORTION:
E: 32 g, F: 17 g, Kh: 82 g, kcal: 634

1. Den Brokkoli putzen, in kleine mundgerechte Röschen teilen, abspülen und abtropfen lassen.

2. Die Nudeln in kochendem Salzwasser nach Packungsanleitung bissfest garen. Dabei etwa 3 Minuten vor dem Ende der Garzeit der Nudeln die Brokkoliröschen in den Topf geben und mitgaren. Nudeln und Brokkoli anschließend in einem Sieb abtropfen lassen.

3. Den Backofen vorheizen.
Ober-/Unterhitze: etwa 200 °C
Heißluft: etwa 180 °C

4. Die Zwiebel abziehen, halbieren und würfeln. Die Möhre putzen, schälen, abspülen, abtropfen lassen, und schräg in dünne Scheiben schneiden. Die Zucchini abspülen und abtrocknen, die Enden abschneiden. Die Zucchini längs halbieren und in Scheiben schneiden.

5. Das Öl in einer Pfanne erhitzen, Zwiebelwürfel und Möhren darin etwa 4 Minuten andünsten. Den Thymian abspülen, trocken tupfen und die Blättchen vom Stängel zupfen, mit in die Pfanne geben und noch etwa 1 Minute mitdünsten.

6. Das Gemüse in der Pfanne mit Mehl bestäuben und mit einem Kochlöffel verrühren, bis das Weiße vom Mehl nicht mehr zu sehen ist. Mit Weißwein und Zitronensaft ablöschen. Die Milch unterrühren. Aufkochen und mit Salz, Pfeffer und Muskatnuss abschmecken.

7. Die Petersilie abspülen und trocken tupfen, die Blättchen von den Stängeln zupfen und klein schneiden. Zusammen mit der Zitronenschale in die Pfanne geben.

8. Eine Auflaufform (etwa 20 × 23 cm) mit etwas Öl fetten. Die Nudelmischung und die Zucchini in der Form verteilen. Die Zwiebel-Möhren-Sauce und zuletzt den geriebenen Käse darüber verteilen. Die Form auf dem Rost in den vorgeheizten Backofen schieben. Den Auflauf etwa 20 Minuten backen.

TIPPS:
Den Auflauf z. B. mit frisch geschnittenem Schnittlauch bestreut servieren.
Vegan wird das Gericht, wenn Milch und Käse durch vegane Pflanzenprodukte ersetzt werden (z. B. Sojadrink und/oder veganer Pizzakäse).

KARTOFFELGRATIN MIT KOHLRABI

ZUBEREITUNGSZEIT:
20 Minuten

BACKZEIT:
45–50 Minuten

ZUTATEN FÜR 4 PORTIONEN

600 g mehligkochende Kartoffeln
1 Kohlrabi (etwa 250 g)
2–3 Möhren (etwa 250 g)
Salz
400 g Schlagsahne
gem. Pfeffer
ger. Muskatnuss
2–3 Knoblauchzehen

ZUSÄTZLICH:
1–2 EL Pflanzenöl für die Form

PRO PORTION:
E: 9 g, F: 34 g, Kh: 28 g, kcal: 463

1. Die Kartoffeln schälen, Kohlrabi und Möhren putzen und schälen. Alles abspülen und abtropfen lassen. Kartoffeln, Möhren und Kohlrabi mit einem Küchenhobel oder Messer in gleichmäßig dünne Scheiben hobeln.

2. Für die Gratinmasse die Sahne kräftig mit Salz, Pfeffer und Muskatnuss würzen. Die Sahne darf leicht versalzen schmecken, denn die Kartoffeln nehmen viel Salz auf. Den Knoblauch abziehen, durch eine Presse zur Sahne drücken und alles gut verrühren.

3. Den Backofen vorheizen.
Ober-/Unterhitze etwa 200 °C
Heißluft: etwa 180 °C

4. Eine Gratinform (etwa 24 × 39 cm) fetten. Die Kartoffel-, Kohlrabi- und Möhrenscheiben dachziegelartig in die Form schichten und mit der vorbereiteten Gratinsahne übergießen.

5. Die Form auf dem Rost in den Backofen (unteres Drittel) schieben. Das Gratin 45–50 Minuten backen, bis die Oberfläche goldbraun ist.

TIPPS:
Für eine vegane Variante ein pflanzliches Ersatzprodukt für die Schlagsahne verwenden.
Wer das Gratin gern noch mit Käse überbacken möchte, kann 15 Minuten vor Ende der Garzeit etwa 100 g geriebenen Käse daraufstreuen. Lecker ist auch, das Gratin zum Servieren mit gerösteten Pinienkernen, Pistazien oder Walnüssen zu bestreuen.

SHAKSHUKA-HIRSE-AUFLAUF

ZUBEREITUNGSZEIT:
40 Minuten

GARZEIT:
8 Minuten

ZUTATEN FÜR 4 PORTIONEN

150 g Hirse
Salz
1 rote Paprikaschote (200 g)
½ rote Chilischote
500 g Fleischtomaten
125 g Zwiebeln
2 Knoblauchzehen
6 EL Olivenöl
1 Döschen Safranfäden (0,1 g)
1 EL Kreuzkümmelsamen (Cumin)
1 EL Paprikapulver edelsüß
100 ml Gemüsebrühe
4 Eier (Größe M)
8 große Blätter Minze
etwa 100 g Fetakäse
1 TL Schwarzkümmelsamen

PRO PORTION:
E: 17 g, F: 31 g, Kh: 34 g, kcal: 485

1. Die Hirse in ein feines Sieb geben und unter fließendem heißem Wasser abspülen. Die Hirse mit 550 ml heißem Wasser und ½ Teelöffel Salz in einen weiten Topf geben. Bei mittlerer Hitze zum Kochen bringen und zugedeckt etwa 5 Minuten köcheln lassen. Anschließend die Hirse unter gelegentlichem Rühren bei schwacher Hitze in etwa 15 Minuten ausquellen lassen (Packungsanleitung beachten), bis das Wasser vollständig aufgesogen ist.

2. Inzwischen die Paprikaschote halbieren, entstielen und entkernen, dabei auch die weißen Scheidewände entfernen. Die Hälften abspülen, abtropfen lassen und in etwa 2 cm große Stücke schneiden. Die Chili entstielen, abspülen, abtropfen lassen und mit den Kernen fein hacken.

3. Die Tomaten abspülen, abtropfen lassen und in etwa 3 cm große Stücke schneiden, dabei die Stängelansätze herausschneiden. Zwiebeln und Knoblauch abziehen und in feine Würfel schneiden.

4. Das Olivenöl in einer großen Pfanne erhitzen. Die Zwiebelwürfel darin bei schwacher Hitze goldbraun braten. Knoblauch, Chili, Safran, Kreuzkümmel und Paprikapulver unterrühren. Paprika- und Tomatenstücke dazugeben, kurz andünsten und mit Salz würzen. Die Gemüsebrühe unterrühren. Das Ganze etwa 5 Minuten köcheln lassen, bis kaum noch Flüssigkeit vorhanden ist.

5. Den Backofen vorheizen.
Ober-/Unterhitze: etwa 200 °C
Heißluft: etwa 180 °C

6. Die Hirse in vier Portionsauflaufformen oder einer großen Auflaufform (jeweils gefettet) verteilen. Das Gemüse darauf verteilen, vier Vertiefungen für die Eier hineindrücken. Die Eier aufschlagen, in die Vertiefungen gleiten lassen und mit Salz würzen. Auf dem Rost in den vorgeheizten Backofen schieben. Shakshuka-Hirse-Auflauf etwa 8 Minuten garen, bis das Eiweiß gestockt, aber das Eigelb noch cremig ist.

7. Inzwischen die Minze abspülen, trocken tupfen und in Streifen schneiden. Den Feta zerbröseln. Minzestreifen und Fetabrösel mit dem Schwarzkümmel vor dem Servieren auf den Auflauf streuen. Dazu passen Fladenbrot und Joghurt.

TIPP:
Echte Schwarzkümmelsamen, manchmal auch als schwarze Zwiebelsaat bezeichnet, werden im arabischen Raum oft als Gewürz verwendet. Die Samen haben einen scharfen bitterlich-würzigen Geschmack und werden z. B. gern als Pfefferersatz oder zum Bestreuen von Brot und Kuchen verwendet.

AUBERGINENAUFLAUF

ZUBEREITUNGSZEIT:
40 Minuten

BACKZEIT:
35 Minuten

ZUTATEN FÜR 4 PORTIONEN

3–4 Auberginen (etwa 1 kg)
Salz
1 große Zwiebel (etwa 150 g)
2–3 Knoblauchzehen
1 kleine rote Chilischote
1 EL Olivenöl
½ EL Tomatenmark
800 g stückige Tomaten (aus der Dose)
1 Bund Basilikum
Pfeffer
1 Prise Zucker
200 g ital. Hartkäse am Stück, z. B. Montello
250 g abgetropfter Mozzarella

ZUSÄTZLICH:
Olivenöl für die Form und zum Braten der Auberginen

PRO PORTION:
E: 31 g, F: 43 g, Kh: 20 g, kcal: 614

1. Die Auberginen putzen, abspülen und abtropfen lassen, dann längs in etwa 1 cm dicke Scheiben schneiden. Die Auberginenscheiben von beiden Seiten mit etwas Salz bestreuen und auf einem Gitterrost mit einem Backblech darunter etwa 30 Minuten ziehen lassen.

2. Inzwischen für die Sauce Zwiebel und Knoblauch abziehen. Die Zwiebel klein würfeln, den Knoblauch durch eine Presse drücken. Die Chilischote längs halbieren, entstielen, entkernen, abspülen, trocken tupfen und in schmale Streifen schneiden. Das Olivenöl in einem Topf erhitzen und die Zwiebeln darin in etwa 5 Minuten leicht braun anbraten, dabei zum Schluss Knoblauch, Chili sowie Tomatenmark dazugeben und noch kurz mit anbraten. Die stückigen Tomaten dazugeben und alles zum Kochen bringen. Die Sauce 10–15 Minuten köcheln lassen, dabei gelegentlich durchrühren.

3. Das Basilikum abspülen und trocken tupfen, die Blättchen von den Stängeln zupfen. Einige Blättchen zum Garnieren beiseitelegen, die restlichen fein schneiden. Ist die Tomatensauce nach den 10–15 Minuten ausreichend eingekocht, diese gut mit Salz, Pfeffer sowie etwas Zucker abschmecken und das fein geschnittene Basilikum einrühren.

4. Den Backofen vorheizen.
Ober-/Unterhitze: etwa 180°C
Heißluft: etwa 160°C

5. Den Hartkäse fein reiben. Den Mozzarella in dünne Scheiben schneiden. Die Auberginenscheiben mit Küchenpapier rundherum etwas trocken tupfen.

6. Jeweils etwa 2 Esslöffel Olivenöl in einer großen Pfanne erhitzen und die Auberginenscheiben in mehreren Durchgängen in 2–3 Minuten je Seite goldbraun braten, dabei jeweils mit etwas Pfeffer würzen.

7. Eine Auflaufform (etwa 20 × 24 cm) fetten. Mit einer Schicht Auberginen auslegen, etwas Tomatensauce darauf verteilen, mit einigen Mozzarellascheiben belegen und mit etwas geriebenem Käse bestreuen. Alle Zutaten weiter einschichten, dabei mit einer Schicht Tomatensauce, die mit geriebenem Hartkäse bestreut ist, abschließen.

8. Die Form auf dem Rost in den vorgeheizten Backofen schieben. Den Auflauf etwa 35 Minuten backen. Zum Servieren die beiseitegelegten Basilikumblättchen daraufstreuen.

SHEPARD'S PIE MIT LINSENRAGOUT

VEGAN

ZUBEREITUNGSZEIT:
45 Minuten

KOCHZEIT / BACKZEIT:
35–50 Minuten / 25 Minuten

ZUTATEN FÜR 4 PORTIONEN

FÜR DAS PÜREE:
500 g mehligkochende Kartoffeln
500 g Knollensellerie
Salz
3–4 EL Olivenöl
ger. Muskatnuss

FÜR DAS LINSENRAGOUT:
100 g Champignons
1 Zwiebel, 2 Knoblauchzehen
1 kleine Stange Lauch
1 Möhre
3–4 EL Olivenöl
1 EL Tomatenmark
100 ml Gemüsebrühe
200 g Berglinsen
2 EL helle Sojasauce
2 EL Apfelessig
1 Msp. geräuchertes Paprikapulver
½ Bund Petersilie
2 Stängel Thymian
Salz, gem. Pfeffer

ZUSÄTZLICH:
Olivenöl für die Form

PRO PORTION:
E: 19 g, F: 14 g, Kh: 46 g, kcal: 428

1. Für das Püree Kartoffeln und Sellerie schälen, abspülen, abtropfen lassen und in gleich große Stücke schneiden. Kartoffel- und Selleriestücke in einem Topf mit Wasser bedeckt zum Kochen bringen, etwas Salz dazugeben, in 15–20 Minuten gar kochen. In einem Sieb abtropfen lassen, dabei das Kochwasser auffangen. Kartoffel- und Selleriestücke in einer Schüssel mit einem Kartoffelstampfer gut zerstampfen und mit dem Olivenöl verrühren. Das Püree mit Salz und Muskat abschmecken und beiseitestellen.

2. Für das Linsenragout die Champignons putzen, evtl. kurz abspülen und gut trocken tupfen. Die Pilze in erbsengroße Würfel schneiden. Zwiebel und Knoblauch abziehen und fein würfeln. Lauch und Möhre putzen, abspülen, gut abtropfen lassen und ebenfalls fein würfeln.

3. Das Olivenöl in einem breiten Topf erhitzen und die Zwiebel darin in 2–3 Minuten glasig anschwitzen. Knoblauch, Lauch und Möhre dazugeben und 3–4 Minuten mitdünsten. Die Pilze hinzufügen und 2–3 Minuten weiterdünsten. Das Tomatenmark unterrühren und mit Gemüsebrühe ablöschen.

4. Linsen, 800 ml vom aufgefangenen Kartoffel-Sellerie-Kochwasser (evtl. mit Wasser ergänzen), Sojasauce, Essig und Paprikapulver dazugeben. Alles gut verrühren, zum Kochen bringen und zugedeckt 20–30 Minuten kochen lassen.

5. Petersilie und Thymian abspülen und trocken tupfen, die Blättchen von den Stängeln zupfen. Die Blättchen klein schneiden und kurz vor Ende der Garzeit unter das Ragout rühren. Am Ende der Garzeit sollten die Linsen noch einen leichten Biss haben und das Ragout sollte leicht dicklich sein. Das Ragout mit Salz, Pfeffer und bei Bedarf noch mit etwas Essig abschmecken.

6. Den Backofen vorheizen.
Ober-/Unterhitze: etwa 200 °C
Heißluft: etwa 180 °C

7. Eine Auflaufform (etwa 20 × 28 cm) mit Öl fetten und das Linsenragout darin verteilen. Das Kartoffelpüree in Klecksen mit einem Löffel darauf verteilen und glatt streichen. Die Form auf dem Rost in den vorgeheizten Backofen schieben. Den Shepard's Pie mit Linsenragout etwa 25 Minuten backen.

GEFÜLLTE ZUCCHINI MIT AMARANT

ZUBEREITUNGSZEIT:
40 Minuten

BACKZEIT:
20 Minuten

ZUTATEN FÜR 2 PORTIONEN

ZUM VORBEREITEN:
100 g Amarant
(z. B. aus dem Bioladen)
500 ml Gemüsebrühe

FÜR DIE FÜLLUNG:
2 mittelgroße Zucchini
(je etwa 200 g)
1 rote Zwiebel
1 Knoblauchzehe
je ½ rote und gelbe Paprikaschote
1 große Tomate (etwa 125 g)
4–5 Stängel Basilikum
125 g Mozzarella
1 ½ EL Olivenöl
Salz
gem. Pfeffer
20 g gehobelte Mandeln
2 Stängel Zitronenthymian

ZUSÄTZLICH:
Olivenöl für die Form

PRO PORTION:
E: 26 g, F: 34 g, Kh: 46 g, kcal: 620

1. Den Amarant in einem feinen Sieb waschen. Mit der Gemüsebrühe mit in einem kleinen Topf zum Kochen bringen. Den Amarant zugedeckt etwa 30 Minuten bei schwacher Hitze garen, dabei ab und zu umrühren.

2. Inzwischen die Zucchini abspülen und abtrocknen, die Enden knapp abschneiden. Die Zucchini längs halbieren und aushöhlen, dabei rundherum einen kleinen Rand lassen.

3. Zwiebel und Knoblauch abziehen, klein würfeln. Die Paprikaschoten entstielen und entkernen, dabei auch die weißen Scheidewände entfernen. Schotenhälften abspülen, abtropfen lassen und fein würfeln. Die Tomate abspülen, abtrocknen und vierteln, dabei den Stängelansatz herausschneiden. Die Tomatenviertel entkernen und fein würfeln. Das Basilikum abspülen und trocken tupfen. Die Blättchen abzupfen und grob zerschneiden. Den Mozzarella abtropfen lassen und fein würfeln.

4. Den Backofen vorheizen.
Ober-/Unterhitze: etwa 180 °C
Heißluft: etwa 160 °C

5. Das Olivenöl in einem mittelgroßen Topf erhitzen. Zwiebel und Knoblauch darin andünsten. Paprika, Tomate sowie Basilikum hinzufügen und 2–3 Minuten mitdünsten. Mit Salz und Pfeffer würzen.

6. Den Amarant in ein feines Sieb abgießen, dabei die Kochflüssigkeit auffangen. Eine große Auflaufform mit Olivenöl fetten und die Zucchinihälften hineinsetzen. Das Gemüse mit Amarant, Mandeln und Mozzarellawürfeln vermischen. Die Masse nochmals mit Salz und Pfeffer abschmecken und in den Zucchinhälften verteilen.

7. Vorsichtig so viel aufgefangene Brühe in die Form gießen, dass diese etwa ½ cm hoch damit gefüllt ist. Die Form auf dem Rost in den vorgeheizten Backofen (unteres Drittel) schieben. Die Zucchini etwa 20 Minuten backen. Den Thymian abspülen, trocken tupfen und etwas kleiner zupfen. Die Zucchini mit dem Thymian garniert servieren.

TIPP:
Zitronenthymian ist verwandt mit dem klassischen Thymian, duftet ein wenig nach Zitrone und hat den typischen Thymiangeschmack. Alternative: Abgezupfte Blättchen von 2 Stängeln Thymian und ½ Teelöffel abgeriebene Schale von 1 Bio-Zitrone über die gefüllten Zucchini streuen.

WIRSINGROULADEN MIT BULGURFÜLLUNG

ZUBEREITUNGSZEIT:
45 Minuten

BACKZEIT:
30 Minuten

ZUTATEN FÜR 4 PORTIONEN

FÜR DIE ROULADEN:
350 ml Gemüsebrühe
200 g Bulgur
2 Zwiebeln, 2 Knoblauchzehen
1 Bund Suppengrün
100 g ital. Hartkäse am Stück
2 EL Pflanzenöl, z. B. Rapsöl
3 geh. EL mildes Ajvar (Paprikapaste; aus dem Glas)
Salz, gem. Pfeffer
1 gestr. TL Paprikapulver edelsüß
1 gestr. TL 5-Gewürze-Pulver
2 Stängel Thymian
1 kleines Bund Petersilie
200 g Fetakäse
6 große Wirsingblätter
Pflanzenöl für die Form

ZUM ÜBERBACKEN:
35 g Butter
40 g Weizenmehl (Type 405)
250 ml kalte Gemüsebrühe
250 ml kalte Milch
Salz, gem. Pfeffer
ger. Muskatnuss
1 gestr. TL abger. Bio-Zitronenschale
35 g Pinienkerne zum Bestreuen

PRO PORTION:
E: 30 g, F: 42 g, Kh: 54 g, kcal: 728

1. Für die Rouladen die Gemüsebrühe aufkochen, den Bulgur einrühren. Vom Herd nehmen und den Bulgur etwa 10 Minuten quellen und dann abkühlen lassen.

2. Inzwischen Zwiebeln und Knoblauch abziehen. Die Zwiebel fein würfeln und den Knoblauch durch eine Knoblauchpresse drücken. Das Suppengrün putzen, schälen, abspülen, abtropfen lassen und in kleine Würfel schneiden. Den Hartkäse auf der Haushaltsreibe fein reiben.

3. Das Öl in einer Pfanne erhitzen, Zwiebel- und Suppengrünwürfel darin knapp 5 Minuten andünsten. Knoblauch kurz mitdünsten. Bulgur, Ajvar und geriebenen Käse zufügen. Alles mit Salz, Pfeffer, Paprikapulver und 5-Gewürze-Pulver abschmecken.

4. Thymian und Petersilie abspülen und trocken tupfen, die Blättchen von den Stängeln zupfen und dann fein schneiden. Den Fetakäse zerbröckeln oder in kleine Würfel schneiden. Kräuter und Feta unter die Bulgurmasse heben.

5. Die Wirsingblätter abspülen. In einem breiten Topf etwa 3 l Wasser zugedeckt aufkochen, dann 2 TL Salz und die Wirsingblätter hineingeben. Den Wirsing 2–3 Minuten kochen lassen, in ein Sieb geben und mit möglichst eiskaltem Wasser abschrecken. Die Blätter auf Küchenpapier ausbreiten und gut abtrocknen, dicke Blattrippen flach schneiden.

6. Eine Auflaufform (etwa 20 × 30 cm) mit Öl fetten. Die Wirsingblätter auf der Arbeitsfläche ausbreiten. Die Bulgurfüllung jeweils in der Mitte darauf verteilen und in den Blättern einhüllen. Die Rouladen nebeneinander in die Form legen.

7. Den Backofen vorheizen.
Ober-/Unterhitze: etwa 200 °C
Heißluft: etwa 180 °C

8. Zum Überbacken eine Béchamelsauce zubereiten. Dafür die Butter in einem Topf schmelzen, das Mehl einrühren und hell anschwitzen. Gemüsebrühe und Milch nach und nach unter Rühren dazugießen. Die Sauce unter ständigem Rühren aufkochen und bei schwacher Hitze etwa 5 Minuten köcheln lassen. Die Béchamelsauce mit Salz, Pfeffer, Muskatnuss und Zitronenschale abschmecken.

9. Die Rouladen in der Auflaufform mit der Béchamelsauce übergießen. Die Pinienkerne darüberstreuen. Die Form auf dem Rost in den vorgeheizten Backofen schieben. Die Rouladen etwa 30 Minuten überbacken.

TIPP:
Zu den Wirsingrouladen passen als Beilagen ein grüner Salat und frisches Fladenbrot.

GEMÜSEPIZZA MIT BLUMENKOHLBODEN

ZUBEREITUNGSZEIT:
40 Minuten

BACKZEIT:
30–40 Minuten

ZUTATEN FÜR 4 PORTIONEN

FÜR DEN BODEN:
Salz
1 kleiner Blumenkohl (etwa 550 g)
2 Knoblauchzehen
150 g ger. Mozzarella
2 Eier (Größe M)
1 TL abger. Bio-Zitronenschale
gem. Pfeffer
ger. Muskatnuss

FÜR DEN BELAG:
1 kleine gelbe Paprikaschote (etwa 100 g)
10 Cocktailtomaten
100 g Babyspinat (küchenfertig)
250 g Crème fraîche
100 g ger. Mozzarella
50 g fein ger. ital. Hartkäse, z. B. Montello

PRO PORTION:
E: 31 g, F: 42 g, Kh: 8 g, kcal: 546

1. Etwa 1,5 l Wasser mit 2 Teelöffel Salz in einem Topf zum Kochen bringen. Inzwischen vom Blumenkohl die Blätter entfernen und den Strunk abschneiden. Den Kohl abspülen und abtropfen lassen. Den Blumenkohl auf der groben Seite einer Haushaltsreibe raspeln. Den Blumenkohl im Salzwasser etwa 1 Minute kochen lassen, in ein Sieb abgießen, mit eiskaltem Wasser abschrecken und auf Küchenpapier abtropfen lassen.

2. Den Backofen vorheizen.
Ober-/Unterhitze: etwa 200 °C
Heißluft: etwa 180 °C

3. Den Knoblauch abziehen, durch eine Presse in eine Schüssel drücken. Blumenkohl, Mozzarella, Eier und Zitronenschale dazugeben und alles vermischen. Die Masse mit Salz, Pfeffer und etwas Muskatnuss abschmecken. Die Blumenkohlmasse als Teig gleichmäßig auf einem Backblech (30 × 40 cm, mit Backpapier belegt) verteilen und glatt streichen. Das Blech in den Ofen schieben und den Blumenkohlboden etwa 15–20 Minuten vorbacken.

4. Inzwischen für den Belag die Paprikaschote halbieren, entstielen und entkernen, dabei auch die weißen Scheidewände entfernen. Die Hälften abspülen und abtropfen lassen. Die Cocktailtomaten abspülen, gut abtropfen lassen und jeweils halbieren. Den Spinat abspülen und abtropfen lassen.

5. Den vorgebackenen Blumenkohlboden aus dem Ofen holen und etwa 3 Minuten abkühlen lassen. Die Crème fraîche darauf verstreichen, den geriebenen Mozzarella (Hartkäse noch nicht) und dann die frischen Spinatblätter darauf verteilen. Paprikastreifen und Tomatenhälften auf dem Spinat verteilen und alles gleichmäßig mit dem fein geriebenen Hartkäse bestreuen. Die Pizza im Backofen (unteres Drittel) in 15–20 Minuten fertig backen.

REZEPTVARIANTE:
Für eine **Spargel-Pizza** 500 g grünen Spargel waschen und die holzigen Enden abschneiden, die Stangen längs halbieren. 1 rote Zwiebel abziehen und in halbe Ringe schneiden. 1 kleines Bund Frühlingszwiebeln putzen, abspülen, abtropfen lassen und schräg in feine Ringe schneiden. Den Blumenkohlboden vorbacken, mit Crème fraîche bestreichen und mit geriebenem Käse bestreuen. Den vorbereiteten Spargel auf der Pizza verteilen. Das Ganze mit den vorbereiteten Zwiebeln, Frühlingszwiebeln und etwa 50 g Kesselchips (leicht zerkleinert) belegen, mit etwa 50 g fein geriebenem ital. Hartkäse bestreuen und im Ofen wie oben beschrieben fertig backen.

SPINAT-BOHNEN-PIZZA

VEGAN

ZUBEREITUNGSZEIT:
30 Minuten

TEIGGEHZEIT / BACKZEIT:
45 Minuten / 15 Minuten

ZUTATEN FÜR 4 PORTIONEN

FÜR DEN HEFETEIG:
300 g Weizenmehl (Type 550)
20 g frische Hefe, 1 Prise Zucker
2 EL Olivenöl, Salz
etwas Mehl für die Arbeitsfläche

FÜR SAUCE UND BELAG:
20 g vegane Margarine
15 g Weizenmehl (Type 550)
200 ml Mandeldrink (natur)
1 Lorbeerblatt
500 g Blattspinat
2 große Zwiebeln
1 Knoblauchzehe
2 Tomaten
200 g Pizzatomaten
(aus der Dose)
6 EL Olivenöl
Salz, gem. Pfeffer
ger. Muskatnuss
1 Dose große weiße Bohnenkerne
(Abtropfgewicht etwa 240 g)
30 g Cashewmus
50 ml vegane Pflanzencreme
2 EL Hefeflocken

PRO PORTION:
E: 21 g, F: 31 g, Kh: 72 g, kcal: 680

1. Für den Teig das Mehl in eine Rührschüssel geben. Die Hefe mit 1 Prise Zucker und etwa 170 ml lauwarmem Wasser verrühren, bis sich die Hefe aufgelöst hat. Das Hefewasser mit einem Mixer (Knethaken) zunächst kurz auf niedrigster Stufe unter das Mehl kneten. Olivenöl und 1 gestrichenen Teelöffel Salz nach und nach unterkneten. Den Teig auf höchster Stufe in etwa 5 Minuten zu einem glatten, geschmeidigen Teig verarbeiten.

2. Den Teig zugedeckt so lange an einem warmen Ort gehen lassen, bis er sich sichtbar vergrößert hat (etwa 30 Minuten).

3. Für die Sauce die Margarine in einem Topf zerlassen. Das Mehl darin leicht andünsten. Unter Rühren mit dem Mandeldrink ablöschen, das Lorbeerblatt dazugeben. Alles zum Kochen bringen und bei schwacher Hitze kurz kochen lassen.

4. Für den Belag den Spinat verlesen, gründlich waschen und abtropfen lassen. Die groben Stiele entfernen. Zwiebeln und Knoblauch abziehen. Die Zwiebeln in Scheiben schneiden, dann in Ringe teilen. Den Knoblauch in Scheiben schneiden. Die Tomaten abspülen, trocken tupfen und halbieren, die Stängelansätze entfernen. Die Tomaten fein würfeln und abtropfen lassen. Die Pizzatomaten ebenfalls etwas abtropfen lassen.

5. In einer großen Pfanne 3 Esslöffel Olivenöl erhitzen. Zwiebelringe und Knoblauchscheiben darin kurz andünsten, herausnehmen und auf einem Teller beiseitestellen. Den Spinat portionsweise in das heiße Fett geben und nach und nach unter Rühren zusammenfallen lassen. Mit Salz, Pfeffer und Muskat würzen. Den Spinat in ein Sieb geben und gut abtropfen lassen. Die Bohnen in einem Sieb kalt abspülen, abtropfen lassen und grob hacken.

6. Unter die Sauce Cashewmus, Pflanzencreme und Hefeflocken rühren. Die Sauce mit Salz, Pfeffer und Muskat würzig abschmecken.

7. Ein Backblech fetten und mit Backpapier belegen. Den Teig auf der leicht bemehlten Arbeitsfläche nochmals gut durchkneten und anschließend auf dem Blech ausrollen.

8. Den Teig mit dem restlichen Olivenöl (3 Esslöffel) bestreichen und die Pizzatomaten darauf verteilen. Mit Salz und Pfeffer würzen. Spinat, Bohnenkerne, Zwiebelringe und frische Tomaten darauf verteilen. Mit der Sauce beträufeln. Zugedeckt an einem warmen Ort ruhen lassen, bis sich der Teig sichtbar vergrößert hat (etwa 15 Minuten).

9. Den Backofen vorheizen.
Ober-/Unterhitze: etwa 240 °C
Heißluft: etwa 220 °C

10. Das Backblech in den vorgeheizten Backofen (unten) schieben. Die Spinat-Bohnen-Pizza in etwa 15 Minuten goldbraun backen.

KARTOFFELPIZZA

ZUBEREITUNGSZEIT:
40 Minuten

TEIGGEHZEIT / BACKZEIT:
45 Minuten / 15 Minuten

ZUTATEN FÜR 12 STÜCKE

FÜR DEN TEIG:
21 g frische Hefe
1 EL Salz
½ EL Zucker
3 EL Olivenöl
250 g Roggenvollkornmehl
150 g Weizenmehl (Type 405)

FÜR DEN BELAG:
350 g kleine Kartoffeln (z. B. Drillinge)
Salz
1–2 Zweige Rosmarin
1–2 Knoblauchzehen
3 EL Olivenöl
gem. Pfeffer
1 rote Zwiebel
2–3 Frühlingszwiebeln
150 g Fetakäse
250 g Crème fraîche
200 g ger. Mozzarella

ZUSÄTZLICH:
Öl für das Blech
Mehl zum Bestäuben des Teigs

PRO STÜCK:
E: 10 g, F: 18 g, Kh: 30 g, kcal: 323

1. Für den Teig 220 ml lauwarmes Wasser in eine Rührschüssel geben und die Hefe hineinbröckeln. Salz, Zucker und Olivenöl dazugeben und alles verrühren, bis sich die Hefe aufgelöst hat. Beide Mehlsorten dazugeben und alles mit einem Mixer (Knethaken) zunächst auf niedrigster, dann auf höchster Stufe in etwa 5 Minuten zu einem glatten, elastischen Teig verarbeiten. Den Teig zugedeckt an einem warmen Ort gehen lassen, bis er sich sichtbar vergrößert hat (etwa 45 Minuten).

2. In der Zwischenzeit für den Belag die Kartoffeln unter fließendem Wasser abbürsten. In einem Topf knapp mit Wasser bedeckt zugedeckt zum Kochen bringen. 1 Teelöffel Salz dazugeben und die Kartoffeln in etwa 15 Minuten gar kochen. Abgießen, etwas abkühlen lassen und in dünne Scheiben schneiden.

3. Den Rosmarin abspülen und trocken tupfen, die Nadeln von den Stängeln zupfen und grob hacken. Den Knoblauch abziehen, durch eine Presse drücken und zusammen mit Rosmarin, Olivenöl und Kartoffelscheiben in einer Schüssel vorsichtig mischen. Die Mischung mit Salz und Pfeffer würzen.

4. Die Zwiebel abziehen, halbieren und in halbe Ringe schneiden. Die Frühlingszwiebeln putzen, abspülen, abtropfen lassen und schräg in dünne Ringe schneiden. Den Fetakäse in kleine Stücke zerbröckeln.

5. Den Backofen vorheizen.
Ober-/Unterhitze: etwa 235 °C
Heißluft: etwa 215 °C

6. Ein Backblech (30 × 40 cm) mit Öl fetten. Den Pizzateig daraufgeben, mit Mehl bestäuben und gleichmäßig auf dem Blech ausrollen.

7. Die Crème fraîche glatt rühren, mit Salz und Pfeffer würzen, gleichmäßig auf dem Teig verstreichen. Die Hälfte vom geriebenen Mozzarella aufstreuen. Marinierte Kartoffelscheiben, rote Zwiebeln, Frühlingszwiebelringe und Fetakäse darauf verteilen und mit dem restlichen geriebenen Käse bestreuen. Das Blech in den vorgeheizten Backofen schieben und die Pizza etwa 15 Minuten backen.

REZEPTVARIANTE:
Für **vegane Kartoffelpizza** den Teig wie beschrieben zubereiten. Für die Sauce 1 Zwiebel (etwa 120 g) abziehen und fein würfeln. Die Zwiebelwürfel mit 200 g Seidentofu, 1 Esslöffel Hefeflocken und ½ Esslöffel Kräutersalz in einem Standmixer zu einer glatten hellen Sauce verarbeiten. Diese Sauce anstelle der Crème fraîche verwenden. Beim geriebenen Käse auf vegane Varianten ausweichen, statt Feta grob zerbröselten Räuchertofu (100 g mit 1 Teelöffel Paprikapulver und 1–2 Esslöffel Rapsöl mariniert) verwenden.

LAUCH-HEFESCHNECKEN MIT MARONEN

ZUBEREITUNGSZEIT:
25 Minuten, ohne Abkühlzeit

BACKZEIT:
40–45 Minuten

ZUTATEN FÜR 8 STÜCKE

30 g abgetropfte, getrocknete Tomaten (in Öl)
2 EL Tomatenöl (von den getrockneten Tomaten)
1 kg Lauch
2 Knoblauchzehen
1 Zwiebel
Salz
gem. Pfeffer
ger. Muskatnuss
50 g Walnusskerne
75 g gegarte Maronen (Esskastanien)
75 g Schlagsahne
400–500 g fertiger Pizza- oder herzhafter Hefeteig (aus dem Kühlregal; auf Backpapier eckig ausgerollt, etwa 25 × 37 cm;)
60 g junger ital. Hartkäse am Stück, z. B. Montello

PRO STÜCK:
E: 10 g, F: 14 g, Kh: 30 g, kcal: 298

1. Für die Füllung von den Tomaten das Öl auffangen und 2 Esslöffel abmessen. Die Tomaten fein würfeln. Den Lauch putzen, die Stangen längs halbieren, gründlich waschen, abtropfen lassen und in Streifen schneiden. Knoblauch und Zwiebel abziehen, beides fein würfeln.

---

2. Das aufgefangene Tomatenöl in einer großen beschichteten Pfanne erhitzen. Zwiebel, Knoblauch und Lauch darin unter Wenden etwa 5 Minuten braten. Mit Salz, Pfeffer und Muskatnuss kräftig würzen.

---

3. Walnusskerne und Maronen hacken. Die Sahne zum gebratenen Lauch geben und ohne Deckel etwas einkochen lassen. Tomatenwürfel, Nüsse und Maronen untermischen. Die Füllung abkühlen lassen.

---

4. Den Pizza- oder Hefeteig nach Packungsanleitung vorbereiten, evtl. etwa 30 Minuten vor der Verarbeitung aus dem Kühlschrank nehmen. Den Käse reiben.

---

5. Den Backofen vorheizen.
Ober-/Unterhitze: etwa 180 °C
Heißluft: etwa 160 °C

---

6. Den Teig aus der Packung nehmen und mit dem Backpapier auf der Arbeitsfläche entrollen. Die Teigränder vorsichtig rundherum vom Backpapier lösen. Die Lauchmischung auf dem Teig verteilen, dabei rundherum einen kleinen Rand frei lassen. Dann zügig arbeiten, damit der Teig nicht zu weich wird. Die kurzen Seiten etwas über die Füllung klappen. Teig und Füllung mithilfe des Backpapiers leicht anheben und nach und nach möglichst fest aufrollen.

---

7. Die Teigrolle in etwa 8 gleich dicke Scheiben schneiden. Die Teigscheiben mit den Schnittflächen nach oben in eine Springform (Ø 26 cm, mit Backpapier ausgelegt) setzen und mit dem geriebenen Käse bestreuen.

---

8. Die Form auf dem Rost in den vorgeheizten Backofen schieben. Die Lauch-Hefeschnecken in 40–45 Minuten goldbraun backen.

---

9. Die Form aus dem Backofen nehmen, auf einen Kuchenrost stellen und etwas abkühlen lassen. Die Hefeschnecken aus der Form lösen, nach Belieben ofenwarm oder auch abgekühlt servieren.

ZWIEBELTARTE

MIT ALKOHOL

ZUBEREITUNGSZEIT:
70 Minuten

BACKZEIT:
33–38 Minuten

ZUTATEN FÜR 8 STÜCKE

FÜR DEN TEIG:
100 g kalte Butter
250 g Weizenmehl (Type 405)
1 gestr. TL Salz
1 TL Weißweinessig

FÜR DEN BELAG:
700 g Gemüsezwiebeln
2 Knoblauchzehen
5 EL Olivenöl
1 TL Fenchelsamen
Salz, gem. schwarzer Pfeffer
175 ml trockener Weißwein
75 g Crème fraîche
50 g Schlagsahne
1 Ei (Größe L), 1 Eigelb (Größe L)
3 Stängel Thymian
3 Stängel Oregano
50 g schwarze Oliven mit Stein
75 g ital. Hartkäse am Stück, z. B. Montello

ZUSÄTZLICH:
Fett für die Form
Mehl für die Arbeitsfläche

PRO STÜCK:
E: 9 g, F: 28 g, Kh: 29 g, kcal: 424

1. Für den Teig die Butter in kleine Würfel schneiden. Das Mehl mit dem Salz in einer Rührschüssel mischen. Die Butterwürfel darauf verteilen. 100 ml sehr kaltes Wasser mit dem Essig verrühren, die Mischung in die Mitte des Mehls geben. Die Zutaten schnell mit den Händen zu einem glatten Teig verkneten. Den Teig zu einer Kugel formen und diese etwas flach drücken. Den Teig in Frischhaltefolie gewickelt etwa 30 Minuten in den Kühlschrank legen.

2. Inzwischen für den Belag Zwiebeln und Knoblauch abziehen. Die Zwiebeln längs halbieren und in etwa ½ cm dicke Spalten schneiden. Den Knoblauch fein schneiden. Das Olivenöl in einem weiten Topf erhitzen. Zwiebeln, Knoblauch und Fenchelsamen darin bei starker Hitze unter Rühren kräftig andünsten. Mit Salz und Pfeffer würzen. Die Zwiebelmasse mit Weißwein ablöschen und so lange einkochen lassen, bis fast keine Flüssigkeit mehr vorhanden ist. Dabei ab und zu umrühren.

3. Den Backofen vorheizen.
Ober-/Unterhitze: etwa 200 °C
Heißluft: etwa 180 °C

4. Den Teig auf der leicht bemehlten Arbeitsfläche zu einer runden Platte (Ø 31–32 cm) ausrollen, in eine Tarteform (Ø 28 cm, gefettet) legen und leicht andrücken. Den Teigrand glatt abschneiden, den Teigboden mehrmals mit einer Gabel einstechen.

5. Die Form auf dem Rost in den Ofen (unteres Drittel) schieben. Den Boden 15–18 Minuten vorbacken. Die Form auf einen Kuchenrost stellen. Die Backofentemperatur auf Ober-/Unterhitze: etwa 180 °C, Heißluft: etwa 160 °C herunterschalten.

6. Die Crème fraîche mit Sahne, Ei und Eigelb verrühren, mit etwas Salz würzen. Thymian und Oregano abspülen und trocken tupfen, die Blättchen von den Stängeln zupfen. Die Blättchen klein schneiden und unter die Zwiebelmasse rühren. Die Oliven vom Stein schneiden.

7. Die Zwiebel-Kräuter-Masse mit den Oliven auf den vorgebackenen Boden geben. Die Eiersahne darauf verteilen. Den Hartkäse grob raspeln und daraufstreuen.

8. Die Form wieder auf dem Rost in den Ofen (unteres Drittel) schieben. Die Zwiebeltarte in 18–20 Minuten fertig backen. Auf einen Kuchenrost stellen. Die Tarte etwas abkühlen lassen und lauwarm servieren.

TIPP:
Probieren Sie die Zwiebeltarte einmal mit der gleichen Menge roten Zwiebeln oder einer Mischung aus roten Zwiebeln und Frühlingszwiebeln.

KRAUTSTRUDEL

ZUBEREITUNGSZEIT:
90 Minuten

BACKZEIT:
45 Minuten

ZUTATEN FÜR 4 PORTIONEN

FÜR DEN STRUDELTEIG:
100 g Weizenmehl (Type 405)
15 g Pflanzenöl, z. B. Sonnenblumenöl
1 Prise Salz

FÜR DIE FÜLLUNG:
1 kleiner Spitzkohl (etwa 650 g)
250 g Sauerkraut
1 süßsaurer Apfel, z. B. Cox Orange
1 Zwiebel
1 Knoblauchzehe
30 g Butter
1 EL Honig
80 g Cranberrys
Salz
1 Msp. Kreuzkümmel (Cumin)
1 Msp. Cayennepfeffer
1 Msp. Paprikapulver geräuchert
1 Msp. gem. Piment
150 g Crème fraîche

ZUSÄTZLICH:
Mehl zum Bestäuben
Pflanzenöl zum Bestreichen
60 g zerlassene Butter zum Bestreichen

PRO PORTION:
E: 19 g, F: 64 g, Kh: 51 g, kcal: 872

1. Für den Teig Mehl, Öl, Salz und 50 ml lauwarmes Wasser in einer Rührschüssel mit dem Mixer (Knethaken) zunächst kurz auf niedrigster, dann auf höchster Stufe zu einem glatten Teig verarbeiten. Mit Frischhaltefolie zugedeckt bei Zimmertemperatur 30 Minuten ruhen lassen.

2. Inzwischen für die Füllung den Kohl vierteln, die äußeren Blätter entfernen, den Strunk abschneiden. Die Kohlviertel abspülen, abtropfen lassen und quer in feine Streifen schneiden. Das Sauerkraut in einem Sieb abspülen und gut ausdrücken. Den Apfel schälen, vierteln, entkernen und in dünne Stücke schneiden. Zwiebel und Knoblauch abziehen. Die Zwiebel würfeln, den Knoblauch durch eine Presse drücken.

3. In einem Topf 30 g Butter schmelzen und die Zwiebelwürfel darin in 3–4 Minuten glasig dünsten. Den Honig dazugeben und die Zwiebeln hellgelb rösten. Spitzkohl, Sauerkraut, Apfelstücke und Knoblauch dazugeben und kurz mit anbraten. Cranberrys, Salz, Gewürze und 150 g Crème fraîche unterrühren. Abschmecken und abkühlen lassen.

4. Ein Küchentuch mit Mehl bestäuben. Den Teig darauf mit Mehl bestäubt dünn ausrollen. Mit etwas Öl bestreichen, mit einem Küchentuch bedeckt 5 Minuten ruhen lassen.

5. Den Backofen vorheizen.
Ober-/Unterhitze: etwa 210 °C
Heißluft: etwa 190 °C

6. Die Handrücken mit Mehl bestäuben. Den Teig (geölte Seite oben) mit beiden Handrücken vorsichtig in alle Richtungen ausziehen, bis er leicht transparent ist und etwa 25 × 50 cm groß ist. Auf das Küchentuch legen und mit 30 g zerlassener Butter bepinseln. Dicke Ränder abschneiden. Eine kurze Teigseite liegt vorn.

7. Etwa die vorderen zwei Drittel des Teigs mit der Gemüsemischung belegen, dabei seitlich je etwa 5 cm frei lassen. Den Strudel mithilfe des Tuchs straff einrollen, seitliche Teigränder dabei nach innen einschlagen. Den Strudel mit der Naht nach unten auf ein Backblech (30 × 40 cm, mit Backpapier belegt) heben und mit der übrigen Butter (30 g) bepinseln. Das Blech in den vorgeheizten Backofen (unteres Drittel) schieben. Den Strudel etwa 45 Minuten backen.

TIPP:
Für einen **Frischkäse-Dip** je 3 Stängel Dill und Petersilie abspülen und trocken tupfen, und die Spitzen bzw. Blättchen abzupfen, grob schneiden und in einen hohen Rührbecher geben. 1 Knoblauchzehe abziehen und dazugeben. 200 g Fetakäse, 100 g Doppelrahm-Frischkäse, 150 g Crème fraîche, abgeriebene Schale von 1 Bio-Zitrone und 1 Teelöffel flüssigen Honig dazugeben. Alles cremig pürieren. Mit Salz und Pfeffer abschmecken und zum Strudel servieren.

NUDEL- & REISGERICHTE

SPINATSPÄTZLE MIT KÄSE

ZUBEREITUNGSZEIT:
40 Minuten

BACKZEIT:
10 Minuten

ZUTATEN FÜR 4 PORTIONEN

FÜR DIE SPÄTZLE:
350 g TK-Blattspinat
4 Eier (Größe M)
300 g Weizenmehl (Type 405)
Salz
1 Msp. ger. Muskatnuss

ZUM ÜBERBACKEN:
1 große Zwiebel (etwa 150 g)
1 EL Pflanzenöl
45 g zerlassene Butter
225 g ger. Käse, z. B. Emmentaler
Salz
gem. Pfeffer

ZUSÄTZLICH:
Spätzlehobel oder -presse
Fett für die Form
Petersilienblätter zum Garnieren

PRO PORTION:
E: 33 g, F: 35 g, Kh: 57 g, kcal: 691

1. Für die Spätzle den Spinat nach Packungsanleitung auftauen lassen, anschließend mit den Händen gut ausdrücken, grob hacken und kurz zusammen mit den Eiern pürieren.

2. Das Mehl in eine Rührschüssel geben, mit der Spinat-Eier-Mischung, 50 ml Wasser, 1 gestrichenen Teelöffel Salz und Muskatnuss verrühren. Den Teig mit einem Kochlöffel zu einem glatten Teig verschlagen, der Blasen wirft. Anschließend zugedeckt etwa 20 Minuten ruhen lassen.

3. Inzwischen die Zwiebel abziehen, halbieren und in dünne Halbringe schneiden. Das Öl in einer Pfanne erhitzen und die Zwiebelringe darin bei mittlerer Hitze rundum goldbraun anbraten.

4. Den Backofen vorheizen.
Ober-/Unterhitze: etwa 180 °C
Heißluft: etwa 160 °C

5. In einem großen Topf zugedeckt reichlich gesalzenes Wasser zum Kochen bringen. Den Teig mit einer Spätzlepresse oder einem Spätzlehobel direkt in das kochende Wasser geben. Einmal behutsam umrühren und aufkochen. Sobald die Spätzle an die Oberfläche kommen, in ein Sieb abgießen und kurz abtropfen lassen.

6. Eine große Auflaufform oder ofenfeste Pfanne fetten. Etwa ein Drittel der Spätzle hineingeben, mit einem Drittel (etwa 15 g) der zerlassenen Butter beträufeln und mit einem Drittel (etwa 75 g) des Käses bestreuen. Mit Salz und Pfeffer würzen. Auf diese Weise übrige Spätzle, Butter und Käse in zwei weiteren Schichten in die Form füllen. Zum Schluss die gerösteten Zwiebeln daraufstreuen.

7. Die Form oder Pfanne auf dem Rost in den vorgeheizten Backofen schieben. Die Spätzle etwa 10 Minuten überbacken, bis der Käse zerlaufen ist. Mit Petersilie garnieren.

REZEPTVARIANTE :
Für **helle Käsespätzle** (ohne Spinat) 500 g Weizenmehl (Type 405), 10 g Salz, 1 Msp. geriebene Muskatnuss und 6 Eier (Größe M) in eine Rührschüssel geben und mit einem Kochlöffel zu einem glatten Teig schlagen, der Blasen wirft. Teig 20 Minuten ruhen lassen. Spätzle wie im Hauptrezept beschrieben garen, mit Käse und Butter in die Form schichten und überbacken.

TIPP:
Wer weder Spätzlepresse noch -hobel hat, streicht den Teig in kleinen Mengen mit einer Palette, Teigkarte oder einem langen Messer dünn auf ein angefeuchtetes (Spätzle-)Brett. Das Brett mit dem Teig kurz in das kochende Wasser tauchen. Mit Palette, Teigschaber oder Messer fadenähnliche Teigstreifen vom Brett direkt ins kochende Salzwasser schaben.

VOLLKORNNUDELN MIT LINSENBOLOGNESE

VEGAN

ZUBEREITUNGSZEIT:
40 Minuten

GARZEIT:
60 Minuten

ZUTATEN FÜR 4 PORTIONEN

1 Paprikaschote (rot oder gelb)
1 Aubergine
2 Knoblauchzehen
100 g Berglinsen
800 g stückige Tomaten (aus der Dose)
2 TL Tomatenmark
1 TL Paprikapulver edelsüß
½ TL Chiliflocken
1 TL gem. Kreuzkümmel (Cumin)
3 TL helle Sojasauce
2 TL Tahin (Sesampaste)
500 g Vollkornnudeln ohne Ei (alternativ Kichererbsennudeln, Linsennudeln)
ger. Käse (oder vegane Käsealternative; nach Belieben)

PRO PORTION:
E: 27 g, F: 5 g, Kh: 100 g, kcal: 576

1. Die Paprikaschote halbieren, entstielen und entkernen, dabei auch die weißen Scheidewände entfernen. Die Schotenhälften abspülen, trocken tupfen und anschließend in kleine Würfel schneiden.

2. Die Aubergine abspülen und abtrocknen, den Stängelansatz entfernen. Die Aubergine in kleine Würfel schneiden. Den Knoblauch abziehen und in feine Würfel schneiden.

3. Knoblauch-, Paprika- und Auberginenwürfel in einen großen Topf geben. Linsen, Tomaten, Tomatenmark, Paprikapulver, Chiliflocken, Kreuzkümmel und Sojasauce dazugeben. Mit 250 ml kochendem Wasser übergießen.

4. Alles zum Kochen bringen und zugedeckt bei mittlerer Hitze etwa 60 Minuten kochen lassen. Dabei gelegentlich umrühren. Zuletzt das Tahin unterrühren.

5. Die Nudeln in einem großen Topf in kochendem Salzwasser nach Packungsanleitung bissfest garen. Die gegarten Nudeln in einem Sieb gut abtropfen lassen, dann unter die Linsenbolognese mischen. Auf Tellern anrichten. Nach Belieben geriebenen Käse oder Käsealternative zum Bestreuen dazu reichen.

TIPP:
Paprikaschote und Aubergine können auch durch andere Gemüsesorten ersetzt werden, z. B. durch Süßkartoffeln und Zucchini, Möhren, Sellerie, Lauch, Schmorgurken, Mais, Hokkaido-Kürbis und Zuckerschoten.

LINSENPASTA MIT CASHEWPESTO

ZUBEREITUNGSZEIT:
60 Minuten

ZUTATEN FÜR 4 PORTIONEN

FÜR DIE PASTA:
300 g Linsenmehl
1 gestr. TL gem. Kurkuma
1 gestr. TL Salz
1 Ei (Größe M)
2 EL Olivenöl

FÜR DAS PESTO:
1 kleines Bund Basilikum
1 kleines Bund glatte Petersilie
2–3 Stängel Koriander
3–4 Knoblauchzehen
50 g geröstete und gesalzene Cashewkerne
200 ml Olivenöl
1 gestr. TL Salz
1 Prise Zucker oder einige Tropfen Honig
1 TL Sambal Oelek
1 gestr. TL abger. Bio-Zitronenschale
100 g ital. Hartkäse am Stück, z. B. Montello

ZUSÄTZLICH:
etwas Linsenmehl zum Bearbeiten
gehobelter ital. Hartkäse, Basilikumblätter und grob gem. Pfeffer zum Bestreuen (nach Belieben)

PRO PORTION:
E: 33 g, F: 70 g, Kh: 44 g, kcal: 964

1. Für die Pasta Linsenmehl, Kurkuma, Salz, Ei und Öl in eine Schüssel geben. 50–60 ml Wasser hinzufügen und alles vermischen. Den Teig mit beiden Händen auf einer mit Linsenmehl bestäubten Arbeitsfläche oder mit einer Küchenmaschine (Knethaken) glatt und geschmeidig kneten. Bei Bedarf noch etwas Linsenmehl oder Wasser unter den Teig kneten, bis der Teig gut zusammenhält, aber nicht mehr klebt. Den Teig in Frischhaltefolie wickeln und etwa 30 Minuten ruhen lassen.

2. In der Zwischenzeit für das Pesto die Kräuter abspülen und trocken tupfen. Die Blättchen von den Stängeln zupfen und in einen hohen Rührbecher geben. Den Knoblauch abziehen, etwas klein schneiden und mit Cashewkernen, 100 ml Olivenöl, Salz und Zucker oder Honig zu den Kräutern geben. Alles mit einem Pürierstab zu einer cremigen Masse verarbeiten. Restliches Öl, Sambal Oelek und Zitronenschale dazugeben. Den Hartkäse reiben und ebenfalls dazugeben, alles vermischen.

3. Den Nudelteig auf eine mit Linsenmehl bestäubte Arbeitsfläche geben und mit Linsenmehl bestäuben. Ein Nudelholz ebenfalls mit Linsenmehl einreiben. Den Teig gleichmäßig dünn ausrollen (etwa 2 mm), dabei mehrmals mit einer Palette von der Arbeitsfläche heben und diese erneut dünn mit Linsenmehl bestäuben.

4. Den ausgerollten Teig noch einmal gleichmäßig mit Linsenmehl bestäuben und in etwa 15 cm breite Bahnen schneiden. Die Bahnen locker auf etwa 6 cm Breite zusammenfalten, dann mit einem langen Messer in knapp 1 cm breite Streifen schneiden und auflockern.

5. In einem großen Topf reichlich Wasser zugedeckt zum Kochen bringen. Salz und die vorbereiteten Nudeln dazugeben. Die Nudeln in 2–3 Minuten bissfest garen. Anschließend die Nudeln in ein Sieb abgießen, mit heißem Wasser abspülen und abtropfen lassen. Zusammen mit dem Pesto auf Tellern anrichten. Nach Belieben mit gehobeltem Hartkäse, Basilikumblättern und grob gemahlenem Pfeffer bestreuen.

TIPPS:
Wenn der Teig mit der Nudelmaschine ausgerollt und geschnitten werden soll, müssen Sie den Linsenmehl-Anteil etwas erhöhen. Wem das Selbermachen der Linsennudeln zu aufwendig ist, der kann auch zu fertigen Linsennudeln greifen – diese finden Sie mittlerweile in fast jedem größeren Supermarkt im Nudelregal. Sollte Pesto übrig bleiben, können Sie es in einem verschließbaren Glas im Kühlschrank noch 2–3 Tage aufbewahren.

RADIESCHENPASTA MIT FRISCHKÄSE

ZUBEREITUNGSZEIT:
35 Minuten

ZUTATEN FÜR 4 PORTIONEN

FÜR DEN FRISCHKÄSE:
2 Frühlingszwiebeln
400 g körniger Frischkäse
gem. Pfeffer

FÜR DIE RADIESCHENPASTA:
350 g breite Bandnudeln
Salz
700 g große Radieschen
mit zartem Grün
3 Knoblauchzehen
125 g Rucola (Rauke)
1 EL geröstetes Sesamöl
2 EL Olivenöl
1 EL Butter
gem. Pfeffer

PRO PORTION:
E: 26 g, F: 16 g, Kh: 69 g, kcal: 544

1. Die Frühlingszwiebeln putzen, abspülen, abtropfen lassen und klein schneiden. Den Frischkäse mit den Frühlingszwiebeln mischen, mit Pfeffer würzen.

---

2. Die Nudeln in kochendem Salzwasser nach Packungsanleitung bissfest garen.

---

3. In der Zwischenzeit die Radieschen putzen, dabei zarte Blättchen beiseitelegen. Die Radieschen abspülen, abtropfen lassen und je nach Größe halbieren oder vierteln. Den Knoblauch abziehen und in Scheibchen schneiden. Den Rucola putzen, die dicken Stiele abschneiden. Rucola und beiseitegelegtes Radieschengrün abspülen, trocken tupfen und etwas feiner zupfen.

---

4. Sesamöl, Olivenöl und Butter zusammen in einer großen beschichteten Pfanne erhitzen bzw. zerlassen. Die Knoblauchscheibchen darin bei schwacher Hitze goldbraun braten. Herausnehmen und auf Küchenpapier abtropfen lassen.

---

5. Die Radieschen im heißen Knoblauchöl unter Wenden 2–3 Minuten braten. Mit Salz und Pfeffer würzen.

---

6. Die gegarten Nudeln in ein Sieb abgießen und gut abtropfen lassen. Dann zu den Radieschen in die Pfanne geben und alles unter Wenden erhitzen und durchmischen. Rucola und Radieschengrün dazugeben und kurz untermischen. Mit Salz und Pfeffer abschmecken.

---

7. Die Nudelmischung mit dem Frühlingszwiebel-Frischkäse und den Knoblauchscheibchen auf Tellern anrichten und sofort servieren.

TIPP:
Achten Sie beim Kauf von Radieschen auf knackige, saftige Ware mit frischem Grün. Übrige Radieschen lassen sich im Kühlschrank etwa 2 Tage lagern. Dafür vorher das Grün abschneiden und die Radieschen in ein feuchtes Tuch einschlagen oder in eine luftdicht verschlossene Dose legen.

SPAGHETTI MIT VEGGIE-BÄLLCHEN (TITELREZEPT)

ZUBEREITUNGSZEIT:
60 Minuten, ohne Nudelkochzeit

ZUTATEN FÜR 4 PORTIONEN

FÜR DEN TOMATENSUGO:
1 Zwiebel, 3–4 Knoblauchzehen
1 kleines Bund Basilikum
2–3 EL Olivenöl
2 EL Tomatenmark mit Würzgemüse
800 g stückige Tomaten (aus der Dose)
Salz, gem. Pfeffer
1 Prise Zucker oder etwas Honig

FÜR BÄLLCHEN UND NUDELN:
je 240 g abgetropfte Kidneybohnen und weiße Bohnen (aus der Dose)
75 g Sonnenblumenkerne
1 Zwiebel, 1–2 Knoblauchzehen
1 kleines Bund Petersilie
1 kleines Bund Schnittlauch
1 EL Olivenöl
1 EL Tomatenmark mit Würzgemüse
50 g Semmelbrösel
1 EL Weizenvollkornmehl
½ EL Paprikapulver geräuchert
½ EL gerebelter Oregano
Salz, gem. Pfeffer
2 EL hoch erhitzbares Pflanzenöl
400 g Spaghetti
125 g Mozzarella

PRO PORTION:
E: 40 g, F: 32 g, Kh: 124 g, kcal: 988

1. Für den Tomatensugo Zwiebel und Knoblauch abziehen. Die Zwiebel fein würfeln, den Knoblauch durch eine Knoblauchpresse drücken. Das Basilikum abspülen und trocken tupfen, die Blättchen abzupfen. Einige Blättchen zum Garnieren beiseitelegen, den Rest grob hacken.

2. Das Olivenöl in einer Pfanne erhitzen und die Zwiebelwürfel darin bei mittlerer Hitze in 4–5 Minuten glasig dünsten. Knoblauch und 2 Esslöffel Tomatenmark dazugeben und etwa 1 Minute weiterdünsten. Die stückigen Tomaten in die Pfanne geben. Den Sugo unter gelegentlichem Rühren in 6–8 Minuten leicht dicklich einköcheln. Mit Salz, Pfeffer und Zucker oder Honig abschmecken. Gehacktes Basilikum untermischen.

3. Für die Veggie-Bällchen beide Bohnensorten in einem Sieb abtropfen lassen. Die Sonnenblumenkerne ohne Fett in einer Pfanne goldgelb rösten, anschließend etwas kleiner hacken. Zwiebel und Knoblauch abziehen, die Zwiebel fein würfeln und den Knoblauch hacken. Petersilie und Schnittlauch abspülen und trocken tupfen. Die Petersilienblättchen von den Stängeln zupfen und hacken. Den Schnittlauch in feine Ringe schneiden. Das Olivenöl in einer Pfanne erhitzen, die Zwiebel- und Knoblauchwürfel darin in 2–3 Minuten glasig dünsten.

4. Die Bohnen in einer flachen Schüssel mit einer Gabel zerdrücken, dabei noch ein paar grobere Bohnenstücke lassen. Sonnenblumenkerne, Zwiebel-Knoblauch-Mischung, Kräuter, 1 Esslöffel Tomatenmark, Semmelbrösel, Vollkornmehl und Gewürze zu den zerdrückten Bohnen geben und mit einem Kochlöffel gut vermengen. Die Bohnenmasse mit Salz und Pfeffer abschmecken und kleine Bällchen daraus formen.

5. Das Pflanzenöl in einer beschichteten Pfanne erhitzen. Die Bohnenbällchen darin bei schwacher bis mittlerer Hitze etwa 5 Minuten rundherum anbraten. Anschließend in den Tomatensugo geben.

6. Den Backofen mit Grillfunktion vorheizen (180 °C).

7. Wasser in einem großen Topf zugedeckt zum Kochen bringen. Dann Salz und Spaghetti zugeben. Die Nudeln im geöffneten Topf bei mittlerer Hitze nach Packungsanleitung bissfest kochen, dabei gelegentlich umrühren. Anschließend in ein Sieb abgießen, mit heißem Wasser abspülen und abtropfen lassen.

8. Die Spaghetti mit dem Tomatensugo und den Bohnenbällchen in eine ofenfeste Form (etwa 21 × 34 cm) oder Pfanne geben. Den Mozzarella würfeln und darüber verteilen. Die Form auf dem Rost in den vorgeheizten Backofen stellen und alles kurz überbacken, bis der Käse leicht zerlaufen ist. Mit dem beiseitegelegten Basilikum garnieren und servieren.

SPAGHETTI ALLA CARBONARA „VEGGIE“

VEGAN

ZUBEREITUNGSZEIT:
30 Minuten

ZUTATEN FÜR 2 PORTIONEN

200 g Spaghetti
(aus Hartweizengrieß, ohne Ei)
Salz
175 g Räuchertofu
(aus dem Kühlregal)
½ Bund glatte Petersilie
1 rote Zwiebel
1 ½ EL Olivenöl
250 g Sojakochcreme
(Sojacreme Cuisine)
gem. Pfeffer

PRO PORTION:
E: 30 g, F: 35 g, Kh: 77 g, kcal: 760

1. Die Nudeln in kochendem Salzwasser nach Packungsanleitung bissfest garen.

2. In der Zwischenzeit für die Sauce den Tofu in kleine Würfel schneiden. Die Petersilie abspülen und trocken tupfen. Die Blättchen von den Stängeln zupfen und klein schneiden. Die Zwiebel abziehen und in kleine Würfel schneiden. Alles beiseitestellen.

3. Die gegarten Nudeln in ein Sieb abgießen, mit heißem Wasser abspülen und abtropfen lassen.

4. Das Olivenöl in einer Pfanne erhitzen und die Tofuwürfel darin bei starker Hitze von allen Seiten in etwa 5 Minuten braun anbraten. Die Zwiebelwürfel dazugeben und etwa 2 Minuten bei mittlerer Hitze unter gelegentlichem Rühren andünsten.

5. Die Sojakochcreme dazugießen. Alles zum Kochen bringen und ohne Deckel bei mittlerer Hitze etwa 3 Minuten einkochen. Die geschnittene Petersilie, bis auf 1 Teelöffel zum Garnieren, unterrühren. Die Sauce mit Salz und Pfeffer abschmecken.

6. Die Nudeln in die Pfanne geben und gut mit der Sauce vermischen. Auf Tellern anrichten und mit der restlichen Petersilie bestreuen.

TIPPS:
Statt der roten Zwiebel lässt sich auch eine Schalotte verwenden. Die Sojakochcreme kann auch durch Haferkochcreme ersetzt werden. Wer mag, streut noch 2 Teelöffel gehackte Cashewkerne über das Gericht.

TAGLIATELLE MIT TOMATENSUGO

ZUBEREITUNGSZEIT:
25 Minuten, ohne Schmor- und Nudelkochzeit

ZUTATEN FÜR 4 PORTIONEN

FÜR DEN SUGO:
300 g Cocktailtomaten
2 rote Zwiebeln oder 4 Schalotten
1 Knoblauchzehe
4 EL Olivenöl
1 EL Rohrohrzucker
150 ml milder heller Balsamico-Essig oder Sherry-Essig
200 ml Kirschsaft
Salz
gem. Pfeffer
50 g Butter (kalt)

FÜR DIE NUDELN:
Salz
400 g Tagliatelle

ZUM BESTREUEN:
50 g ital. Hartkäse am Stück, z. B. Montello

PRO PORTION:
E: 18 g, F: 26 g, Kh: 91 g, kcal: 683

1. Für den Sugo die Tomaten abspülen, abtrocknen und halbieren, das Rispengrün dabei entfernen. Die Zwiebeln oder Schalotten abziehen und fein würfeln. Den Knoblauch abziehen und durch eine Knoblauchpresse drücken.

2. Das Olivenöl in einer Pfanne erhitzen, die Zwiebel- oder Schalottenwürfel darin in etwa 3 Minuten goldgelb andünsten. Die Tomatenhälften und den Knoblauch dazugeben und etwa 1 Minute mit anbraten. Den Zucker dazugeben und karamellisieren. Die Hitze reduzieren. Alles mit Essig und Kirschsaft ablöschen und die Tomaten in dem Sud langsam weiterschmoren und sämig einköcheln, dabei hin und wieder umrühren.

3. Inzwischen für die Nudeln in einem großen Topf reichlich Wasser zugedeckt zum Kochen bringen. Etwas Salz und die Tagliatelle zugeben. Die Nudeln im geöffneten Topf bei mittlerer Hitze nach Packungsanleitung bissfest kochen, dabei gelegentlich umrühren. Anschließend die Nudeln in ein Sieb abgießen, mit heißem Wasser abspülen und abtropfen lassen.

4. Den eingekochten Sugo mit Salz und Pfeffer abschmecken. Die Butter in kleine Stücke schneiden und in den Sugo einrühren, bis keine Butter mehr zu sehen ist. Die noch heißen Tagliatelle mit dem Sugo anrichten. Den Hartkäse und darüberhobeln. Nach Belieben noch mit etwas grob gemalhlenenm Pfeffer bestreuen.

TIPPS:
Wer mag, streut noch würzige Sonnenblumenkerne über die Pasta. Dafür 4 Esslöffel Sonnenblumenkerne in einer Pfanne ohne Fett anrösten. Haben die Kerne gut Farbe bekommen, die Pfanne vom Herd nehmen und kurz abkühlen lassen. 3 Esslöffel Sojasauce über die Kerne geben und verrühren, bis die Kerne die Sojasauce aufgenommen haben. Damit dann die Pasta bestreuen. Anstelle von Rohrzucker kann auch Honig verwendet werden.

PIROGGEN MIT KRAUT-PILZ-FÜLLUNG

VEGAN

ZUBEREITUNGSZEIT:
70 Minuten

GARZEIT SAUERKRAUT:
20 Minuten

ZUTATEN FÜR 4 PORTIONEN

FÜR DEN TEIG:
300 g Weizenmehl (Type 405)
Salz
1 EL Pflanzenöl, z. B. Sonnenblumenöl

FÜR DIE FÜLLUNG:
500 g mildes Sauerkraut
2 Lorbeerblätter
Salz
200 g Champignons
3 Zwiebeln
6–7 EL Pflanzenöl, z. B. Sonnenblumenöl
1 TL Pilzpulver
gem. Pfeffer
½ Bund Petersilie

ZUSÄTZLICH:
Mehl für die Arbeitsfläche

PRO PORTION:
E: 13 g, F: 18 g, Kh: 58 g, kcal: 464

1. Das Mehl mit 1 Teelöffel Salz in einer großen Schüssel gut vermischen. 150 ml Wasser zum Kochen bringen, zur Mehlmischung geben und unterarbeiten. Dann 50 ml kaltes Wasser sowie 1 Esslöffel Pflanzenöl dazugeben und alles 2–3 Minuten mit den Händen gut durchkneten, bis ein glatter Teig entstanden ist. Den Teig zu einer Kugel formen und in Frischhaltefolie eingewickelt mindestens 30 Minuten ruhen lassen.

2. Inzwischen für die Füllung das Sauerkraut in einem Sieb kurz mit kaltem Wasser abspülen, abtropfen lassen und in einen Topf geben. So viel Wasser dazugießen, bis das Kraut knapp davon bedeckt ist. Lorbeerblätter und evtl. etwas Salz dazugeben. Etwa 20 Minuten mit leicht geöffnetem Deckel dünsten.

3. Inzwischen die Champignons putzen, evtl. kurz abspülen und gut trocken tupfen. Die Zwiebeln abziehen. Champignons und Zwiebeln fein würfeln. 2–3 Esslöffel Öl in einer Pfanne erhitzen und ein Drittel der Zwiebeln kurz darin andünsten. Die restlichen Zwiebeln beiseitestellen. Die Champignonwürfel dazugeben und alles zusammen weitere 3–4 Minuten anbraten.

4. Das Sauerkraut in ein Sieb abgießen und gut abtropfen lassen. Die Lorbeerblätter entfernen. Das Sauerkraut gut ausdrücken, fein hacken und in eine große Schüssel geben. Pilzpulver und Zwiebel-Champignon-Mischung dazugeben und alles gut vermengen. Die Masse mit Salz und Pfeffer abschmecken und erkalten lassen.

5. Das restliche Pflanzenöl (4–5 Esslöffel) in der Pfanne erhitzen. Die beiseitegestellten Zwiebelwürfel darin kurz andünsten. Etwas Salz dazugeben und die Pfanne von der Kochstelle nehmen. Die Petersilie abspülen und trocken tupfen. Die Blättchen von den Stängeln zupfen und grob zerschneiden.

6. Den Teig aus der Folie nehmen und halbieren. Die Teigstücke portionsweise auf der bemehlten Arbeitsfläche etwa 2 mm dünn ausrollen und mit einem runden Ausstecher oder umgedrehten Glas Kreise (Ø etwa 8 cm) ausstechen. Auf jeden Teigkreis etwa 1 Teelöffel Füllung geben, dabei die Ränder frei lassen. Die Ränder der Teigkreise mit wenig Wasser bestreichen. Dann die Kreise zu Halbmonden zusammenklappen und die Nahtstellen gut aufeinanderdrücken (z. B. mit dem Gabelrücken).

7. Reichlich Wasser in einem großen Topf zum Kochen bringen, gut mit Salz würzen. Die Teigtaschen portionsweise vorsichtig hineingeben und 2–3 Minuten garen. Mit einer Schaumkelle herausnehmen und gut abtropfen lassen. Die Pfanne mit den angedünsteten Zwiebelwürfeln wieder auf die Kochstelle stellen und die Teigtaschen hineingeben. Alles noch einmal kurz anschwenken, mit Salz und Pfeffer abschmecken und mit Petersilie bestreuen.

TOMATENREIS MIT AUBERGINEN

VEGAN

ZUBEREITUNGSZEIT:
25 Minuten

ZUTATEN FÜR 4 PORTIONEN

Salz
250 g Langkornreis
1 Aubergine (etwa 400 g)
1 Knoblauchzehe
3 EL Olivenöl
1 Zwiebel
2 Stangen Lauch
2 EL Tomatenmark
400 g stückige Tomaten (aus der Dose)
gem. Pfeffer
½ Bund glatte Petersilie

PRO PORTION:
E: 9 g, F: 9 g, Kh: 57 g, kcal: 344

1. In einem Topf 1,5 l Wasser zum Kochen bringen, dann etwas Salz und den Reis hinzufügen. Den Reis zugedeckt bei mittlerer Hitze nach Packungsanleitung garen. Dann in ein Sieb abgießen, dabei 100 ml von der Kochflüssigkeit auffangen. Den Reis warm halten.

2. Schon während der Reis gart, die Aubergine abspülen und abtrocknen, den Stängelansatz entfernen. Die Aubergine in etwa ½ cm große Würfel schneiden. Die Auberginenwürfel mit 1 Teelöffel Salz bestreuen und einige Minuten ziehen lassen.

3. Den Knoblauch abziehen und in kleine Würfel schneiden. Das Olivenöl in einem Topf erhitzen. Knoblauch- und Auberginenwürfel darin bei mittlerer Hitze unter gelegentlichem Rühren andünsten.

4. Inzwischen die Zwiebel abziehen und in kleine Würfel schneiden. Den Lauch putzen, die Stangen längs halbieren, gründlich waschen, abtropfen lassen und in feine Streifen schneiden. Zwiebel und Lauch in den Topf zur Aubergine geben und alles etwa 5 Minuten weiterdünsten. Das Tomatenmark dazugeben. Die stückigen Tomaten sowie die aufgefangene Reis-Kochflüssigkeit dazugeben und kurz mitdünsten.

5. Den warm gestellten Reis unterheben. Mit Salz und Pfeffer kräftig würzen. Den Tomatenreis zugedeckt bei schwacher Hitze etwa 2 Minuten ziehen lassen. Inzwischen die Petersilie abspülen und trocken tupfen. Die Blätter von den Stängeln zupfen und klein schneiden. Den Tomatenreis mit Petersilie bestreut servieren.

ZITRONENRISOTTO MIT KÜRBISSPALTEN

MIT ALKOHOL

ZUBEREITUNGSZEIT:
45 Minuten

ZUTATEN FÜR 4 PORTIONEN

FÜR DIE KÜRBISSPALTEN:
1 kleiner Hokkaido-Kürbis
100 ml Olivenöl
1 EL frische Thymianblättchen
1 EL frische Rosmarinnadeln
1 TL Chiliflocken
Salz

FÜR DEN RISOTTO:
750 ml Gemüsebrühe
3 Bio-Zitronen
1 Zwiebel
2 EL Olivenöl
300 g Rundkornreis, z. B. Arborio
100 ml trockener Weißwein (alternativ Gemüsebrühe)
100 g ital. Hartkäse am Stück, z. B. Montello
Salz
gem. Pfeffer
80 g Butter
2 EL grob geschnittene glatte Petersilie

PRO PORTION:
E: 17 g, F: 55 g, Kh: 71 g, kcal: 878

1. Für die Kürbisspalten den Kürbis abspülen, trocken tupfen und vierteln. Aus den Kürbisvierteln die Kerne mit einem Löffel herausschaben. Die Kürbisstücke in etwa 2 cm breite Spalten schneiden. Eine Grillpfanne erhitzen und die Kürbisspalten darin von allen Seiten goldbraun rösten, herausnehmen und warm stellen.

2. Für den Risotto die Gemüsebrühe in einem Topf zum Kochen bringen. Die Zitronen heiß abwaschen und abtrocknen. Von 2 Zitronen die Schale ganz fein abreiben. Von der letzten Zitrone mit einem Zestenreißer schmale Streifen abziehen. Die Zitronen halbieren und jeweils den Saft auspressen. Die Zwiebel abziehen und klein würfeln. 2 Esslöffel Olivenöl in einem Topf erhitzen und die Zwiebel darin glasig dünsten.

3. Den Reis dazugeben und unter Rühren kurz mitdünsten. Mit Weißwein (alternativ Gemüsebrühe) ablöschen. So lange rühren, bis der Reis die Flüssigkeit aufgenommen hat. Dann nach und nach mit einer Suppenkelle immer wieder etwas von der kochenden Brühe zum Reis geben. Den Reis unter ständigem Rühren 18–20 Minuten garen, bis er schön cremig ist und die Brühe ganz aufgenommen hat.

4. Den Käse fein reiben. Den Risotto mit Salz und Pfeffer würzen, Butter und Käse unterrühren. Zum Schluss mit abgeriebener Zitronenschale und Zitronensaft abschmecken.

5. Für die Kürbisspalten das Olivenöl mit Thymian, Rosmarin und Chili zu einem Würzöl verrühren. Die Kürbisspalten damit bestreichen und mit Salz würzen.

6. Den Risotto auf Tellern anrichten. Mit Zitronenzesten und Petersilie garnieren. Die Kürbisspalten auf den Tellern verteilen.

REZEPTVARIANTE :
Für **klassischen Risotto** 1 Zwiebel abziehen, würfeln und in 50 g Butter andünsten. 200 g Risottoreis hinzufügen und glasig dünsten. So viel von 500 ml heißer Gemüsebrühe hinzugießen, dass der Reis bedeckt ist. Offen bei schwacher Hitze kochen, bis die Flüssigkeit fast aufgesogen ist, dabei gelegentlich umrühren. Mit der restlichen Brühe ebenso verfahren, bis der Reis nach etwa 20 Minuten gar ist. Mit Salz abschmecken.

TIPP:
Den Hokkaido-Kürbis müssen Sie nicht schälen – anders als die meisten seiner Verwandten hat er eine dünne Schale, die beim Garen weich wird.

GEBRATENER REIS

ZUBEREITUNGSZEIT:
45 Minuten, ohne Reis-Abkühlzeit

ZUTATEN FÜR 4 PORTIONEN

225 g Vollkorn-Basmatireis
Salz
3 Knoblauchzehen
40 g frischer Ingwer
½–1 rote Chilischote
2 rote Zwiebeln
250 g Möhren
250 g Pak Choi
(chinesischer Senfkohl)
150 g Mungobohnensprossen
150 g Ananas-Fruchtfleisch
2 Eier (Größe M)
1 TL mildes Currypulver
7 EL Pflanzenöl
2 EL brauner Rohrzucker
3 EL asiatische Pilzsauce
(z. B. Mushroom-Sojasauce)
3 EL Sojasauce
fein abger. Schale von
1 Bio-Limette
8 Stängel Koriander

PRO PORTION:
E: 12 g, F: 23 g, Kh: 67 g, kcal: 524

1. Den Reis in kochendem Salzwasser nach Packungsanleitung garen. In einem Sieb abtropfen lassen, in eine Schüssel geben und erkalten lassen. Den Reis mit einer Gabel auflockern.

2. Den Knoblauch abziehen, den Ingwer schälen. Beides in kleine Würfel schneiden. Die Chilischote abspülen, trocken tupfen, entstielen und mitsamt den Kernen klein schneiden.

3. Die Zwiebeln abziehen und in etwa 1 cm breite Spalten schneiden. Die Möhren putzen, schälen, abspülen, abtropfen lassen und in dünne Streifen schneiden.

4. Den Pak Choi putzen, gründlich abspülen und abtropfen lassen. Die Blätter abschneiden und grob zerzupfen. Die Stiele einmal längs durchschneiden. Sehr kleine Blätter nur längs halbieren.

5. Die Sprossen abspülen und gut abtropfen lassen. Das Ananas-Fruchtfleisch in etwa 1 cm breite Stücke schneiden. Die Eier mit etwas Salz und Currypulver verquirlen.

6. Das Öl in einem großen Wok erhitzen. Möhren, Zwiebeln, Chili, Ingwer und Knoblauch darin etwa 2 Minuten unter Rühren anbraten. Den Reis dazugeben und kurz mitbraten.

7. Die Pak-Choi-Stiele und Sprossen untermischen und etwa ½ Minute mit anbraten. Dann alle Pak-Choi-Blätter und Ananasstücke mit Zucker, Pilzsauce, Sojasauce und Limettenschale unterrühren. Alle Zutaten an den Wokrand schieben.

8. Die Eier in die Mitte des Woks geben, stocken lassen und mit dem Pfannenwender grob zerteilen.

9. Den Koriander abspülen und trocken tupfen. Die Blättchen von den Stängeln zupfen und grob zerkleinern. Den gebratenen Reis auf vorgewärmten Tellern anrichten und mit Koriander bestreuen.

TIPPS:
Den Reis können Sie schon am Vortag garen. Stellen Sie ihn dann bis zur Verwendung abgedeckt in den Kühlschrank.
Wer keine Pilzsauce hat und diese nicht extra kaufen möchte, kann stattdessen mehr Sojasauce zum Würzen verwenden.

AUS DER PFANNE

GNOCCHI MIT KAPERN, OLIVEN UND RUCOLA

ZUBEREITUNGSZEIT:
60 Minuten

ZUTATEN FÜR 4 PORTIONEN

FÜR DIE GNOCCHI:
600 g mehligkochende Kartoffeln
Salz
1 Prise ger. Muskatnuss
1 Ei (Größe M)
2 Eigelb (Größe M)
etwa 180 g Weizenmehl (Type 405)

ZUM SCHWENKEN:
125 g Rucola (Rauke)
2 EL Butter
1 EL Olivenöl
2 EL abgetropfte feine Kapern
100 g abgetropfte schwarze Oliven
gem. Pfeffer

ZUSÄTZLICH:
Mehl zum Bearbeiten

PRO PORTION:
E: 12 g, F: 20 g, Kh: 57 g, kcal: 468

1. Die Kartoffeln gründlich waschen, abtropfen lassen und in einem Topf knapp mit Wasser bedeckt zum Kochen bringen. Salz dazugeben. Die Kartoffeln zugedeckt etwa 25 Minuten garen. Die Kartoffeln abgießen, abdämpfen lassen und heiß pellen. Die Kartoffeln durch eine Kartoffelpresse auf die Arbeitsfläche drücken. Salz und Muskatnuss daraufstreuen.

2. Das Ei mit dem Eigelb verquirlen. Mehl und Eier auf der Kartoffelmasse verteilen und alles mit den Händen kurz zu einem glatten Teig verkneten. Den Teig auf der bemehlten Arbeitsfläche zu gleichmäßigen Rollen formen. Die Teigrollen in etwa 3 cm lange Stücke schneiden.

3. In einem Topf so viel Wasser zum Kochen bringen, dass die Gnocchi darin schwimmen können. Etwas Salz dazugeben. Die Gnocchi in das kochende Salzwasser geben, wieder zum Kochen bringen und ohne Deckel bei schwacher Hitze knapp unter dem Siedepunkt (das Wasser sollte sich nur leicht bewegen) in 6–8 Minuten gar ziehen lassen. Die Gnocchi sind gar, wenn sie an der Oberfläche schwimmen.

4. In der Zwischenzeit den Rucola putzen und die harten Stiele abschneiden. Den Rucola abspülen und trocken tupfen. Die Butter mit dem Olivenöl in zwei großen Pfannen erhitzen und Kapern sowie Oliven darin andünsten. Die fertig gegarten Gnocchi mit einem Schaumlöffel aus dem Topf nehmen, abtropfen lassen und in den Pfannen verteilen. Mit Salz und Pfeffer würzen, durchschwenken und auf Teller verteilen. Mit Rucola bestreut sofort servieren.

TIPPS:
Die Gnocchi mit frisch geriebenem italienischem Hartkäse (z. B. Montello) servieren.
Mit fertigen Gnocchi aus dem Kühlregal des Supermarkts steht das Gericht ruck, zuck auf dem Tisch – ideal, wenn mal keine Zeit zum Selbermachen der leckeren italienischen Kartfoffelknödelchen ist.

KÜRBISGNOCCHI MIT SALBEIBUTTER

ZUBEREITUNGSZEIT:
50 Minuten, ohne Abkühlzeit

GARZEIT:
25 Minuten

ZUTATEN FÜR 4 PORTIONEN

FÜR DIE GNOCCHI:
700 g Hokkaido-Kürbis
Salz
300 g mehligkochende Kartoffeln
1 Eigelb (Größe M)
gem. schwarzer Pfeffer
ger. Muskatnuss
etwa 210 g Weizenmehl (Type 405)

FÜR PILZE UND BUTTER:
400 g Pilze, z. B. Kräuterseitlinge
3 EL Olivenöl
Salz
gem. Pfeffer
75 g Butter
16 Salbeiblätter
1 EL Paprikapulver edelsüß

PRO PORTION:
E: 14 g, F: 26 g, Kh: 55 g, kcal: 531

1. Den Backofen vorheizen.
Ober-/Unterhitze: etwa 200 °C
Heißluft: etwa 180 °C

2. Für die Gnocchi den Kürbis abspülen, abtropfen lassen und halbieren. Die Kerne und faserigen Innenteil mit einem Löffel herausschaben. Den Kürbis (500 g) in schmale Spalten schneiden, auf einem Backblech (mit Backpapier belegt) verteilen und mit Salz bestreuen. Das Blech in den Ofen (Mitte) schieben. Die Kürbisspalten etwa 25 Minuten garen.

3. Inzwischen die Kartoffeln waschen. In einem Topf knapp mit Wasser bedeckt zum Kochen bringen, Salz hinzufügen. Die Kartoffeln zugedeckt etwa 25 Minuten garen.

4. Die Kartoffeln abgießen, abdämpfen und heiß pellen. Die Kartoffeln mit den gegarten Kürbisspalten durch eine Kartoffelpresse in eine Rührschüssel drücken, evtl. zwischendurch die Kürbisschale aus der Presse entfernen. Das Eigelb mit einem Kochlöffel unterrühren. Die Masse mit Salz und Muskatnuss würzen und erkalten lassen.

5. Inzwischen die Pilze putzen, kurz abspülen und gut abtropfen lassen. Größere Pilze in Scheiben schneiden.

6. Für die Gnocchi etwa 2 l Wasser zum Kochen bringen, 1–2 Teelöffel Salz dazugeben. Wenn die Kürbismasse erkaltet ist, 140 g Mehl mit einem Kochlöffel unterarbeiten.

7. Den Teig auf einer bemehlten Arbeitsfläche in 4 Portionen teilen. Eine Portion zu einer etwa 50 cm langen Rolle formen und diese in 2–2½ cm breite Stück schneiden.

8. Die Gnocchi in das Wasser (es darf sich nur leicht bewegen) geben und in 2–3 Minuten knapp unter dem Siedepunkt gar ziehen lassen. Mit der Schaumkelle herausnehmen und auf ein Backblech geben.

9. Die restlichen Teigportionen nacheinander auf die gleiche Weise verarbeiten, dabei, falls nötig, einen Teil des restlichen Mehls unter die Masse kneten. Der Teig sollte weich sein und nur leicht kleben.

10. Das Olivenöl in einer sehr großen Pfanne erhitzen. Die Pilze darin 2–3 Minuten kräftig anbraten, dabei wenig rühren. Mit Salz und Pfeffer leicht würzen.

11. Die Butter in einer Pfanne bei mittlerer Hitze goldbraun werden lassen, mit Salz und Pfeffer würzen. In der Zwischenzeit die Salbeiblätter abspülen und trocken tupfen.

12. Salbeiblätter und Gnocchi in die Pfanne zur Butter geben und darin erhitzen. Die Gnocchi auf vorgewärmten Tellern anrichten, die Pilze darauf verteilen. Mit Paprikapulver bestreuen und sofort servieren.

SCHUPFNUDELN MIT FRUCHTIGEM GEMÜSE

ZUBEREITUNGSZEIT:
50 Minuten, ohne Kartoffel-Koch- und Abkühlzeit

ZUTATEN FÜR 4 PORTIONEN

FÜR DIE SCHUPFNUDELN:
etwa 625 g mehligkochende Kartoffeln (geschält 500 g)
Salz
3 Eigelb (Größe M)
200 g Weizenmehl (Type 405)
40 g Hartweizengrieß
40 g zerlassene Butter
2 TL Salz
ger. Muskatnuss

FÜR DAS GEMÜSE:
2 rote Zwiebeln (etwa 160 g)
1 Möhre
150 g Champignons
1 dünne Stange Lauch
1 süßsaurer Apfel, z. B. Cox Orange
150 g grüne Weintrauben
2 EL Pflanzenöl, z. B. Erdnussöl
Salz
gem. Pfeffer
1 EL flüssiger Honig
150 ml Apfelessig
100 ml Fruchtsaft, z. B. Orange

ZUSÄTZLICH:
Mehl zum Bestäuben
2 EL Pflanzenöl zum Braten

PRO PORTION:
E: 15 g, F: 25 g, Kh: 80 g, kcal: 636

1. Für die Schupfnudeln die Kartoffeln schälen, abspülen, abtropfen lassen und in gleichmäßig große Stücke schneiden. In einem Topf knapp mit Wasser bedecken und zugedeckt zum Kochen bringen. Salz hinzufügen. Die Kartoffeln in etwa 20 Minuten gar kochen. Abgießen und gut abdämpfen lassen (evtl. im Backofen bei 60°C Ober-/Unterhitze), dann durch die Kartoffelpresse drücken oder mit einem Kartoffelstampfer zerdrücken. Erkalten lassen.

2. Die Kartoffelmasse mit dem Eigelb vermengen. Mehl, Grieß, Butter, Salz und 1 Prise Muskatnuss zugeben und gut vermengen. Den Kartoffelteig auf einer mit Mehl bestäubten Arbeitsfläche zu 3–4 etwa 4 cm dicken Rollen formen. Mit einem Messer etwa 2 cm große Scheiben abschneiden, mit bemehlten Handflächen zu fingerdicken Röllchen (etwa 5 cm lang) mit spitzen Enden formen.

3. In einem Topf reichlich Salzwasser aufkochen. Die Schupfnudeln hineingeben und garen. Sobald sie an der Oberfläche schwimmen, behutsam mit einer Schöpfkelle aus dem Wasser heben und in eiskaltem Wasser abschrecken. Anschließend die Schupfnudeln auf Küchenpapier abtropfen lassen.

4. Für das Gemüse die Zwiebeln abziehen, halbieren und in dünne Scheiben schneiden. Die Möhre putzen, schälen, abspülen und abtropfen lassen, längs halbieren und schräg in dünne Scheiben schneiden. Die Pilze putzen, kurz abspülen und trocken tupfen, dann in Scheiben schneiden. Den Lauch putzen, die Stange längs halbieren, gründlich waschen, abtropfen lassen und in feine Ringe schneiden. Apfel und Trauben abspülen und abtropfen lassen. Den Apfel vierteln, vom Kerngehäuse befreien und in dünne Spalten schneiden. Die Trauben halbieren.

5. In einer Pfanne 2 Esslöffel Pflanzenöl erhitzen. Das vorbereitete Gemüse und die Früchte darin knapp 5 Minuten bei mittlerer bis starker Hitze anbraten. Dabei mit etwas Salz und Pfeffer würzen. Den Honig dazugeben und karamellisieren lassen, dann alles mit Essig und Saft ablöschen. Aufkochen und den Sud leicht dicklich einkochen lassen.

6. Parallel dazu 2 Esslöffel Öl zum Braten in einer Pfanne erhitzen und die Schupfnudeln in zwei bis drei Durchgängen darin schwenken und goldbraun werden lassen, dabei mit Salz und Pfeffer würzen. Die Schupfnudeln mit dem Gemüse servieren.

TIPPS:
Anstelle von Möhre passen Süßkartoffeln oder Hokkaido-Kürbis ins Gemüse.
Wer mag, gibt etwas Ziegenfrischkäse obenauf.
Wenig Zeit? Dann einfach fertige Schupfnudeln aus dem Kühlregal des Supermarkts verwenden!

SEMMELKNÖDEL AUF GEBRATENEN PILZEN

ZUBEREITUNGSZEIT:
90 Minuten

ZUTATEN FÜR 4 PORTIONEN

FÜR DIE KNÖDEL:
6 Laugenbrezeln (vom Vortag)
500 ml Milch (3,5 % Fett)
Salz
gem. Pfeffer
ger. Muskatnuss
2 Zwiebeln
2 EL Butter
3 Eier (Größe S)
2 EL klein geschnittene glatte Petersilie

FÜR DAS GEMÜSESTROH:
1 Möhre
50 g Lauch
500 ml Pflanzenöl zum Frittieren
Salz

FÜR DIE PILZE:
600 g gemischte Pilze (Champignons, Austernpilze, Shiitake)
2 EL Olivenöl
Salz
gem. Pfeffer
½ Bund glatte Petersilie
160 g Butter

PRO PORTION:
E: 26 g, F: 61 g, Kh: 88 g, kcal: 1002

1. Für die Knödel von den Brezeln das Salz abreiben. Die Brezeln in kleine Würfel schneiden, die Würfel in eine Schüssel geben. Die Milch mit Salz, Pfeffer und etwas Muskat erhitzen. Zu den Brezelwürfeln geben und alles gut durchrühren.

2. Die Zwiebeln abziehen und klein würfeln. Die Butter in einer Pfanne zerlassen und die Zwiebelwürfel darin andünsten. Zu den Brezelwürfeln in die Schüssel geben. Die Eier verquirlen, mit der Petersilie ebenfalls dazugeben und unterrühren. Mit Salz und Pfeffer würzen.

3. Für das Gemüsestroh die Möhre putzen, schälen, abspülen, abtropfen lassen und in sehr feine Streifen schneiden. Den Lauch gründlich waschen, abtropfen lassen und in sehr feine Streifen schneiden. Das Pflanzenöl zum Frittieren in einer Fritteuse (oder einem Topf) auf etwa 150 °C erhitzen. Die Gemüsestreifen darin kurz vorfrittieren, dann mit einer Schaumkelle herausnehmen. Das Pflanzenöl auf etwa 180 °C erhitzen. Die Gemüsestreifen darin knusprig braun ausbacken. Mit der Schaumkelle herausnehmen und auf Küchenpapier abtropfen lassen. Mit Salz würzen und warm halten (z. B. im Backofen bei 70–80 °C).

4. Aus der Knödelmasse 8 oder 12 Knödel formen. In einem großen Topf so viel Wasser zum Kochen bringen, dass die Knödel in dem Wasser schwimmen können, Salz hinzufügen. Die Knödel in das kochende Salzwasser geben und knapp unter dem Siedepunkt (das Wasser bewegt sich nur leicht) in etwa 15 Minuten gar ziehen lassen.

5. Inzwischen die Pilze putzen, evtl. kurz abspülen, trocken tupfen und in Stücke schneiden. Das Olivenöl in einer großen Pfanne erhitzen und die Pilzstücke darin bei mittlerer Hitze unter Rühren braten. Die Pilze mit Salz und Pfeffer würzen. Die Petersilie abspülen und trocken tupfen. Die Blättchen von den Stängeln zupfen, klein schneiden und unter die Pilze heben.

6. Die Butter in einem Topf zerlassen und unter ständigem Rühren braun werden lassen, so bekommt sie einen nussigen Geschmack. Die Pilze auf vier Teller verteilen, jeweils 2 oder 3 Knödel daraufgeben und die braune Butter darüberträufeln. Mit dem Gemüsestroh garnieren.

KÜRBIS-BÖREK-STICKS MIT ORANGEN-MINZE-DIP

ZUBEREITUNGSZEIT:
60 Minuten

GARZEIT (KÜRBIS):
18–20 Minuten

ZUTATEN FÜR 18 STÜCK (4–6 PORTIONEN)

FÜR DIE BÖREK-STICKS:
450 g Hokkaido-Kürbis
Salz
Cayennepfeffer
1 rote Zwiebel (etwa 40 g)
5–6 EL Sonnenblumenöl
2 Stängel Minze
350 g Fetakäse
1 EL Paprikapulver edelsüß
gem. Pfeffer
200 g Yufka- oder Filoteig (aus dem türkischen Lebensmittelladen)

FÜR DEN DIP:
1 EL Schwarzkümmelsamen
2 Stängel Minze
1 TL fein abger. Bio-Orangenschale
300 g Joghurt (3,5 % Fett)

PRO STÜCK:
E: 5 g, F: 9 g, Kh: 9 g, kcal: 136

1. Den Backofen vorheizen.
Ober-/Unterhitze: etwa 200 °C
Heißluft: etwa 180 °C

2. Für die Börek-Sticks den Kürbis abspülen, abtrocknen und halbieren, die Kerne mitsamt dem faserigen Innenteil mit einem Esslöffel entfernen. Die Hälften in etwa 2 ½ cm breite Spalten schneiden. Die Spalten mit Salz und Cayennepfeffer würzen und auf ein Backblech (mit Backpapier belegt) legen. Das Blech in den vorgeheizten Backofen (unteres Drittel) schieben. Die Kürbisspalten 18–20 Minuten garen, bis sie weich sind. Das Blech auf einen Kuchenrost stellen, den Kürbis erkalten lassen.

3. Inzwischen die Zwiebel abziehen und in feine Würfel schneiden. ½ Esslöffel Sonnenblumenöl in einer Pfanne erhitzen und die Zwiebelwürfel darin weich dünsten. Auf einen Teller geben und erkalten lassen.

4. Ebenfalls inzwischen für den Dip den Schwarzkümmel in der gesäuberten Pfanne ohne Fett unter Rühren leicht rösten, dann auf einen Teller geben. Die Minze abspülen und trocken tupfen. Die Blättchen abzupfen, fein schneiden und mit Joghurt und Orangenschale glatt verrühren. Den Dip in vier bis sechs Schälchen (je nach Anzahl der Esser) füllen und mit dem Schwarzkümmel bestreuen. Abgedeckt kalt stellen.

5. Zum Fertigstellen der Börek-Sticks die Minze abspülen und trocken tupfen, die Blättchen abzupfen und fein schneiden. Den Feta in einer Schüssel zerbröckeln. Den Kürbis fein hacken und mit der Minze zum Feta geben. Zwiebelwürfel und Paprikapulver dazugeben und alles gut vermischen. Die Masse evtl. mit Salz und Pfeffer würzen.

6. Ein sauberes Küchentuch nass machen und mit den Händen sehr gut auswringen. Den Teig in 18 Rechtecke (je etwa 20 × 30 cm) schneiden. Die Teigplatten übereinanderlegen und mit dem nur ganz leicht feuchten Küchentuch abdecken, damit der Teig nicht austrocknet.

7. Nacheinander 18 Kürbis-Börek-Sticks zubereiten. Dafür pro Stick 1 Teigblatt im Querformat auf die Arbeitsfläche legen und etwas Feta-Kürbis-Masse in einem etwa 12 cm langen Streifen daraufgeben. Die Teigseiten links und rechts über die Füllung klappen, dann das Teigblatt und von unten nach oben fest aufrollen. Die Sticks mit der Nahtseite nach unten auf ein Tablett oder Backblech legen.

8. Die Kürbis-Börek-Sticks portionsweise braten. Dafür etwas vom restlichen Öl in einer Pfanne erhitzen, einige Börek-Sticks nebeneinander hineinlegen und bei starker Hitze rundherum in 2–3 Minuten goldbraun braten.

9. Die fertigen Sticks aus der Pfanne nehmen und auf Küchenpapier abtropfen lassen. Die Sticks warm stellen (im Backofen bei 70–80 °C). Die Sticks mit dem Dip servieren.

GEMÜSESCHNITZEL MIT KRÄUTERQUARK

ZUBEREITUNGSZEIT:
35 Minuten

ZUTATEN FÜR 4 PORTIONEN

FÜR DIE GEMÜSESCHNITZEL:
800 g Gemüse (z. B. Kohlrabi, Süßkartoffel, Rote Bete oder Steckrübe)
Salz
8 EL Weizenmehl (Type 405)
100 g Semmelbrösel
4 Eier (Größe M)
Salz
gem. Pfeffer
6 EL Pflanzenöl zum Braten, z. B. Rapsöl
40 g Butter

FÜR DEN KRÄUTERQUARK:
2 Zwiebeln
600 g Magerquark
4 EL Milch
4 EL Crème fraîche
Salz
gem. Pfeffer
4 EL frisch geschnittene Kräuter, z. B. Schnittlauch, glatte Petersilie, Kerbel, Dill

PRO PORTION:
E: 13 g, F: 22 g, Kh: 72 g, kcal: 553

1. Für die Gemüseschnitzel das Gemüse putzen, schälen, abspülen und abtropfen lassen. Das Gemüse in etwa ½ cm dicke Scheiben schneiden. In einem Topf Salzwasser (1 gestrichenen Teelöffel Salz auf 1 l Wasser) zum Kochen bringen. Die Gemüsescheiben darin je nach Sorte in 2–5 Minuten knapp bissfest garen. Dann in ein Sieb geben, mit kaltem Wasser abspülen und sehr gut abtropfen lassen.

2. Inzwischen für den Kräuterquark die Zwiebeln abziehen und fein würfeln. Den Quark mit der Milch und der Crème fraîche glatt verrühren. Die Zwiebelwürfel untermischen. Den Quark mit Salz und Pfeffer würzen, zum Schluss die Kräuter unterrühren. Beiseitestellen.

3. Für die Gemüseschnitzel Mehl, Semmelbrösel und Eier jeweils in einen tiefen Teller geben. Die Eier mit einer Gabel verquirlen. Die Gemüsescheiben mit Salz und Pfeffer würzen. Nacheinander zuerst im Mehl wenden, dann durch die Eier ziehen (am Tellerrand abstreifen) und zuletzt in den Semmelbröseln wenden. Die Panierung mit den Händen leicht andrücken.

4. Die Gemüseschnitzel nach und nach braten. Dafür jeweils etwas Pflanzenöl in einer großen Pfanne erhitzen und durch leichtes Schwenken der Pfanne gleichmäßig verteilen. Die Schnitzel nebeneinander hineinlegen und von jeder Seite in etwa 2 Minuten goldgelb braten.

5. Kurz vor Ende der Bratzeit die Butter zu den Gemüsescheiben in die Pfanne geben und zerlassen. Die Gemüseschnitzel aus der Pfanne nehmen und auf Küchenpapier abtropfen lassen. Warm halten, bis alle Gemüseschnitzel gebraten sind. Mit dem Kräuterquark servieren.

TIPPS:
Falls Sie Zucchini verwenden, können Sie auf das Vorgaren der Gemüsescheiben verzichten und diese roh panieren.
Reichen Sie für eine frische Geschmacksnote noch Zitronenspalten zum Beträufeln der Gemüseschnitzel dazu.

Falls, MA USA

FALAFEL-TALER IM PITA-BROT

ZUBEREITUNGSZEIT:
25 Minuten

EINWEICHZEIT:
mind. 12 Stunden

GARZEIT:
60–90 Minuten

ZUTATEN FÜR 4 PORTIONEN

125 g getrocknete Kichererbsen
150 ml Gemüsebrühe
1 kleine Gemüsezwiebel (etwa 150 g)
1–2 Knoblauchzehen
½ Bund glatte Petersilie
2–3 Stängel Minze
Salz
gem. Pfeffer
gem. Kümmel
gem. Koriander
Paprikapulver edelsüß
20 g Speisestärke
1 Ei (Größe S)
1–2 EL Pflanzenöl
4 Salatblätter
2 Tomaten
4 Pita-Brottaschen aus Weizenmehl (aus dem Brotregal)
200–250 g Kräuterquark (aus dem Kühlregal)

PRO PORTION:
E: 19 g, F: 12 g, Kh: 60 g, kcal: 439

1. Die Kichererbsen in einer Schüssel mit kaltem Wasser gut bedecken und mindestens 12 Stunden einweichen (z. B. über Nacht).

2. Die Kichererbsen in ein Sieb abgießen, abbrausen und abtropfen lassen. Mit der Gemüsebrühe in einen Topf geben, aufkochen und zugedeckt bei mittlerer Hitze nach Packungsanleitung fast gar köcheln lassen (dauert in der Regel 60–90 Minuten). In einem Sieb abtropfen lassen.

3. Die Zwiebel und den Knoblauch abziehen und in grobe Würfel schneiden. Die Petersilie und die Minze abspülen und trocken tupfen, die Blättchen von den Stängeln zupfen. Die Minzeblättchen fein schneiden. Abgetropfte Kichererbsen, Zwiebel, Knoblauch und Petersilie mit dem Pürierstab fein pürieren.

4. Die Kichererbsenmasse mit Salz, Pfeffer, Kümmel, Koriander, Paprikapulver und Minze pikant abschmecken. Stärke und Ei zufügen, nochmals kurz pürieren.

5. Aus der Kichererbsenmasse mit den Händen 4 gleich große Taler formen. Das Öl in einer großen Pfanne erhitzen und durch Schwenken der Pfanne gleichmäßig verteilen. Die Taler bei mittlerer Hitze je Seite in etwa 3 Minuten goldbraun braten. Die Falafel-Taler aus der Pfanne nehmen und zum Abtropfen auf Küchenpapier legen.

6. Die Salatblätter abspülen und trocken tupfen. Die Tomaten abspülen, abtrocknen und in Scheiben schneiden, dabei die Stängelansätze herausschneiden.

7. Die Pita-Taschen im Toaster nach Packungsanleitung rösten, kurz abkühlen lassen und aufschneiden. Die Brottaschen portionsweise mit Kräuterquark, Salatblättern, Falafel-Talern und Tomatenscheiben füllen. Die Brottaschen sofort servieren.

TIPP:
Statt Kräuterquark passt auch sehr gut eine Sesamsauce zu den Falafel-Talern. Dafür etwa 4 Esslöffel Tahin (Sesampaste) mit etwa 8 Esslöffel Wasser, 1 Teelöffel Zitronensaft und etwas Salz in einen Mixer geben und zu einer glatten Sauce pürieren. Sollte die Sauce zu dickflüssig sein, einfach noch etwas mehr Wasser untermixen. Nach Belieben mit etwas Cayennepfeffer abschmecken.

GEMÜSE-WRAPS

ZUBEREITUNGSZEIT:
20 Minuten

ZUTATEN FÜR 4 PORTIONEN

FÜR DAS GEMÜSE:
2 kleine Zucchini (etwa 250 g)
10 Cocktailtomaten
1 Zwiebel
200 g Rotkohl
¼ Eisbergsalat (etwa 80 g)
½ Bund Petersilie
½ Bund Dill
2 EL Pflanzenöl, z. B. Rapsöl
Salz
gem. Pfeffer

ZUM SERVIEREN:
4 Weizen-Tortillafladen (aus dem Brotregal; Ø mind. 20 cm)
4 geh. EL Zaziki

PRO PORTION:
E: 11 g, F: 10 g, Kh: 43 g, kcal: 321

1. Die Zucchini abspülen und abtrocknen, die Enden abschneiden. Die Zucchini längs halbieren und in ½ cm dicke Scheiben schneiden.

2. Die Tomaten abspülen, abtrocknen und jeweils halbieren. Die Zwiebel abziehen, halbieren und in dünne Scheiben schneiden. Den Rotkohl putzen, abspülen, abtrocknen und in sehr feine Streifen schneiden.

3. Den Salat abspülen, trocken schleudern und in Streifen schneiden. Die Kräuter abspülen und trocken tupfen, die Blättchen von den Stängeln zupfen und grob hacken.

4. Das Öl in einer breiten Pfanne erhitzen und die Zucchinischeiben darin rundum etwa 2 Minuten anbraten. Mit Salz und Pfeffer würzen.

5. Die Tortillafladen mit je 1 gehäuften Esslöffel Zaziki bestreichen. Mit Kräutern, Salat, Rotkohl, Zwiebeln, Tomaten und Zucchini belegen, dabei rundum einen Rand frei lassen.

6. Die Wraps aufrollen. Dafür den Fladen seitlich über der Füllung einklappen und vom zum Körper zeigenden Ende her fest aufrollen. Die Wraps zum Servieren jeweils leicht schräg halbieren. Die Wrap-Hälften jeweils auf der Seite ohne Anschnitt in Butterbrotpapier wickeln.

REZEPTVARIANTE 1:
Für **Pilz-Spinat-Wraps** 6 Champignons putzen, hacken und in 1 Esslöffel Olivenöl 1 Minute anbraten. Etwas Salz und Pfeffer sowie 2 Teelöffel Honig untermengen, vom Herd nehmen. 2 Esslöffel Balsamico-Essig einrühren. Rotkohl und Eisbergsalat wie im Hauptrezept beschrieben vorbereiten. 75 g Babyspinat verlesen, waschen, trocken schleudern. 4 Tortillafladen mit je 1 Esslöffel Hummus bestreichen. Je 1 Esslöffel Schnittlauchröllchen sowie geröstete Cashewkerne und übrige Zutaten daraufgeben. Die Wraps aufrollen.

REZEPTVARIANTE 2:
Für **Erbsen-Tofu-Wraps** 1 Zwiebel abziehen, klein würfeln, in einem Topf in 1 Esslöffel Rapsöl glasig dünsten. 100 ml Gemüsebrühe, 50 g Schlagsahne und 250 g TK-Erbsen dazugeben, zugedeckt 15 Minuten köcheln. Die Mischung fein pürieren, mit Salz und Pfeffer abschmecken. 200 g geräucherten Tofu in 2 mm dicke Stäbchen schneiden, in 1 Esslöffel Rapsöl 2 Minuten braten. Rotkohl, Eisbergsalat, Petersilie und Dill wie im Hauptrezept beschrieben vorbereiten. 4 Tortillafladen mit Erbsencreme bestreichen. Je 1 Esslöffel gerösteten Cashews und die übrigen Zutaten daraufgeben. Die Wraps aufrollen.

GRÜNKERNBRATLINGE AUF WURZELGEMÜSE

ZUBEREITUNGSZEIT:
50 Minuten

ZUTATEN FÜR 4 PORTIONEN

FÜR DIE BRATLINGE:
250 ml Gemüsebrühe
75 g Grünkernschrot
4 Frühlingszwiebeln
1 Bund glatte Petersilie
75 g zarte Haferflocken
2 Eier (Größe M)
2 EL Weizenvollkornmehl
Salz
gem. Pfeffer
1 EL Olivenöl

FÜR DAS GEMÜSE:
2 Bund Möhren (je etwa 500 g)
6 Pastinaken (je etwa 200 g)
30 g Butter
100 ml Gemüsebrühe
1 EL flüssiger Honig
Salz

PRO PORTION:
E: 14 g, F: 12 g, Kh: 74 g, kcal: 467

1. Für die Bratlinge die Gemüsebrühe in einem kleinen Topf aufkochen. Den Grünkernschrot darin zugedeckt in etwa 20 Minuten bei schwacher Hitze ausquellen lassen.

2. Inzwischen die Frühlingszwiebeln putzen, abspülen und abtropfen lassen. Dünne Frühlingszwiebeln in feine Scheiben schneiden, dickere erst längs halbieren, dann in feine Streifen schneiden.

3. Die Petersilie abspülen und trocken tupfen, die Blätter von den Stängeln zupfen. Einige Blätter zum Garnieren beiseitelegen, die restlichen Blätter klein schneiden.

4. Ebenfalls in der Zwischenzeit für das Gemüse Möhren und Pastinaken putzen, dabei das Möhrengrün bis auf etwa 1 ½ cm abschneiden. Möhren und Pastinaken schälen, abspülen, abtropfen lassen und je nach Dicke längs halbieren oder vierteln.

5. Den gequollenen Grünkern in eine Schüssel geben. Frühlingszwiebeln, Haferflocken, Eier, Mehl und die Hälfte der geschnittenen Petersilie dazugeben und alles gut vermengen. Die Grünkernmasse mit Salz und Pfeffer kräftig würzen, mit den Händen daraus 8 gleich große Bratlinge (Ø je etwa 6 cm) formen.

6. Das Olivenöl in einer großen Pfanne erhitzen und durch Schwenken der Pfanne gleichmäßig verteilen. Die Bratlinge in die Pfanne legen und die Unterseite bei mittlerer Hitze in etwa 4 Minuten goldbraun braten, dann mit einem Pfannenwender umdrehen und auf der anderen Seite ebenfalls in etwa 4 Minuten goldbraun braten. Die Bratlinge auf Küchenpapier legen und warm halten.

7. Während die Bratlinge braten, nebenher für das Wurzelgemüse die Butter in einem weiten Topf oder Bräter zerlassen und aufschäumen lassen. Möhren und Pastinaken darin etwa 3 Minuten unter mehrmaligem Rühren leicht braun anbraten. Die Brühe mit Honig und 1 Prise Salz hinzufügen. Das Ganze etwa 5 Minuten bei mittlerer bis starker Hitze unter gelegentlichem Rühren einkochen lassen, bis die Brühe nahezu verdampft ist und das Gemüse bissfest ist und glänzt.

8. Das Gemüse mit der restlichen geschnittenen Petersilie bestreuen und mit den Grünkernbratlingen anrichten. Mit den beiseitegelegten Petersilienblättchen garnieren.

TIPP:
Servieren Sie dazu 150 g glatt gerührten fettarmen Joghurt. Wer mag, verrührt den Joghurt zusätzlich mit 1–2 Esslöffeln fein geschnittenen Kräutern (z. B. Schnittlauch, Petersilie, Kresse). Nach Belieben den Kräuterjoghurt mit Salz und Pfeffer würzen.

JACKFRUCHT-BURGER MIT SCHMORZWIEBELN

MIT ALKOHOL

ZUBEREITUNGSZEIT:
50 Minuten

ZUTATEN FÜR 4 PORTIONEN

FÜR DIE FÜLLUNG:
5 rote Zwiebeln
7–8 EL Olivenöl
2 EL Ahornsirup
4 EL dunkler Balsamico-Essig
80 ml Rotwein
Salz
gem. Pfeffer
400 g Jackfrucht-Fruchtfleisch (2 Pck. à 200 g)
1 Knoblauchzehe
½ EL Cayennepfeffer
180 ml BBQ-Sauce

FÜR DIE SAUCE:
1 Knoblauchzehe
1 Bio-Limette
100 g Joghurt oder Crème fraîche
2 EL Olivenöl
Salz
gem. Pfeffer

ZUM SERVIEREN:
1 Handvoll Salatblätter
4 Vollkorn-Burgerbuns oder Brioche-Burgerbuns

PRO PORTION:
E: 8 g, F: 28 g, Kh: 72 g, kcal: 606

1. Für die Füllung 4 Zwiebeln abziehen, halbieren und in Spalten schneiden. 3 Esslöffel Olivenöl in einer Pfanne erhitzen, die Zwiebeln darin bei schwacher bis mittlerer Hitze in etwa 10 Minuten glasig dünsten und leicht Farbe annehmen lassen. Den Ahornsirup dazugeben und alles in 2–3 Minuten leicht karamellisieren. Mit Essig und Wein ablöschen, verrühren und etwa 5 Minuten kochen lassen, bis die Zwiebelmasse leicht sämig wird. Mit Salz und Pfeffer würzen und beiseitestellen.

2. Die Jackfrucht in einer flachen Schüssel mit den Fingern oder zwei Gabeln auseinanderzupfen. Mit dem restlichen Olivenöl (4–5 EL) beträufeln, mischen und in einer beschichteten Pfanne bei mittlerer bis starker Hitze 5–6≈Minuten unter Wenden anbraten. Übrige Zwiebel und Knoblauch abziehen. Die Zwiebel fein würfeln, den Knoblauch durch die Knoblauchpresse drücken. Beides in die Pfanne geben und 1–2 Minuten mitbraten. Cayennepfeffer und BBQ-Sauce unterrühren, die Sauce in 4–5 Minuten leicht dicklich einkochen lassen. Dabei hin und wieder umrühren und am Ende der Kochzeit mit Salz und Pfeffer abschmecken.

3. Für die Sauce den Knoblauch abziehen und durch eine Knoblauchpresse drücken. Die Limette heiß abwaschen, abtrocknen und die Schale abreiben. Die Limette halbieren und den Saft auspressen. Joghurt oder Crème fraîche mit Knoblauch, 2 Esslöffel Olivenöl, Limettenschale und -saft verrühren. Die Sauce mit Salz und Pfeffer würzen.

4. Zum Servieren die Salatblätter abspülen und trocken tupfen. Die Burgerbuns aufschneiden, die Schnittflächen nach Belieben anrösten. Die unteren Hälften mit Salatblättern belegen. Die Jackfruchtmasse und je 1 Esslöffel Joghurtsauce daraufgeben. Die geschmorten Zwiebeln darauf anrichten und Burgerbun-Oberhälften darauflegen. Sofort servieren.

TIPPS:
Statt Burgerbuns eignen sich auch Pita-Brottaschen sehr gut zum Füllen, die es ebenfalls fertig zu kaufen gibt. In die Brote je eine Tasche schneiden, die Innenseiten mit je 1 Esslöffel Joghurtsauce bestreichen und Salat, gebratene Jackfruchtmasse sowie Zwiebeln in die Brote füllen.
Geht auch vegan: Dann einfach statt Joghurt eine vegane Alternative, z. B. auf Sojabasis, verwenden und zu veganen Burgerbuns greifen. Bei Wein und Essig empfiehlt sich auch für strenge Vegetarier zu Produkten zu greifen, die speziell als „vegan" ausgezeichnet sind (siehe Seite 8).

BOHNEN-BURGER MIT TORTILLAS

ZUBEREITUNGSZEIT:
60 Minuten

ZUTATEN FÜR 6 PORTIONEN

FÜR DEN SALAT:
2 EL Limettensaft
1 EL flüssiger Honig, Salz
2 EL Olivenöl
1 EL TK-Petersilie
1 Mango, 1 Avocado
1 kleine rote Chilischote

FÜR DIE PATTYS:
100 g Instant-Bulgur, Salz
2 kleine Möhren (etwa 180 g)
1 Zwiebel (etwa 100 g)
3 EL Pflanzenöl, gem. Pfeffer
1 Dose Kichererbsen (Abtropfgewicht 265 g)
1 Dose Kidneybohnen (Abtropfgewicht 255 g)
4 Eier (Größe M)
50 g Semmelbrösel
40 g gehackte, geröstete Pinienkerne
1 TL TK-Petersilie
2 TL mildes Currypulver
ger. Muskatnuss

ZUSÄTZLICH:
1 kleines Romana-Salatherz
etwas Weizenmehl zum Formen
2 EL Olivenöl zum Bestreichen
6 Weizen-Tortillafladen (aus dem Brotregal; Ø mind. 20 cm)

PRO PORTION:
E: 21 g, F: 33 g, Kh: 69 g, kcal: 678

1. Für den Salat Limettensaft, Honig und Salz verrühren. Das Öl unterschlagen und die Petersilie untermischen. Das Fruchtfleisch der Mango vom Stein schneiden, schälen und fein würfeln. Die Avocado halbieren, den Stein entfernen. Das Fruchtfleisch mit einem Löffel aus den Schalen lösen und in Würfel schneiden. Die Chilischote längs halbieren, entstielen, entkernen, abspülen, trocken tupfen und sehr klein würfeln. Mango, Avocado und Chili zur Marinade geben und alles gut vermengen. Den Salat etwa 45 Minuten zugedeckt durchziehen lassen.

2. Inzwischen für die Pattys den Bulgur nach Packungsanleitung mit Wasser und 1 gestrichenen Teelöffel Salz zubereiten. Den Bulgur abkühlen lassen.

3. In der Zwischenzeit die Möhren putzen, schälen, abspülen, abtropfen lassen und grob reiben. Die Zwiebel abziehen und klein schneiden. Das Öl in einer Pfanne erhitzen. Zwiebel und Möhren darin bei mittlerer Hitze 2–3 Minuten leicht anbraten, mit Salz und Pfeffer würzen. Die Pfanne von der Kochstelle nehmen.

4. Kichererbsen und Kidneybohnen jeweils in ein Sieb abgießen, abspülen und abtropfen lassen. Kichererbsen und etwa zwei Drittel der Kidneybohnen mit den Eiern in einer Rührschüssel pürieren.

5. Den Bulgur mit einer Gabel auflockern. Bulgur, restliche Kidneybohnen, Möhren-Zwiebel-Masse, Semmelbrösel, Pinienkerne, Petersilie und Currypulver gut mit dem Kichererbsen-Bohnen-Püree vermengen. Die Masse mit Muskatnuss und Salz abschmecken.

6. Den Grill vorheizen. Den Salat putzen, abspülen, trocken tupfen und in mundgerechte Stücke schneiden.

7. Aus der Burgermasse mit bemehlten Händen sechs flache Burger-Pattys formen und diese rundherum dünn mit Öl bestreichen. Auf dem gefetteten Grillrost bei mittlerer Hitze von jeder Seite 4–5 Minuten grillen, dabei vorsichtig wenden.

8. Die Tortillas portionsweise kurz vor dem Servieren auf dem heißen Grillrost von jeder Seite etwa 15 Sekunden grillen. Jeweils 1 großen Esslöffel Mango-Avocado-Salat und 1 Burger-Patty mit Salatstreifen auf eine Tortillahälfte geben, die unbelegte Tortillahälfte darüberklappen.

LINSEN-BULLAR MIT BRATZWIEBELSAUCE

VEGAN
MIT ALKOHOL

ZUBEREITUNGSZEIT:
45 Minuten

ZUTATEN FÜR 4 PORTIONEN

FÜR DIE LINSEN-BULLAR:
100 g grüne oder braune Linsen, z. B. Le Puy
Salz
1 Zwiebel, 2 Knoblauchzehen
175 g Champignons
etwa 120 ml Pflanzenöl zum Braten
evtl. etwas gem. Kreuzkümmel (Cumin)
70 g zarte Haferflocken
4 Stängel glatte Petersilie
2 EL Sojasauce, gem. Pfeffer

FÜR DIE SAUCE:
3 mittelgroße Zwiebeln
1–2 Stängel Thymian
2 EL Margarine
2 TL brauner Zucker
evtl. 50 ml trockener Weißwein (alternativ Gemüsebrühe)
250 ml Gemüsebrühe
1 EL Weizenmehl (Type 405)
Salz, gem. Pfeffer
4–8 EL Preiselbeerkompott (nach Belieben)

PRO PORTION:
E: 21 g, F: 28 g, Kh: 36 g, kcal: 505

1. Für die Linsen-Bullar die Linsen verlesen, abspülen und abtropfen lassen. Die Linsen mit 350 ml Wasser in einem Topf zum Kochen bringen und in etwa 25 Minuten gar kochen, dabei etwa 5 Minuten vor Ende der Garzeit kräftig mit Salz würzen.

2. In der Zwischenzeit Zwiebel und Knoblauch abziehen und fein würfeln. Die Champignons putzen, evtl. kurz abspülen und gut trocken tupfen. Die Champignons fein hacken.

3. In einer großen Pfanne 2 Esslöffel Pflanzenöl erhitzen und Zwiebel- sowie Knoblauchwürfel darin glasig dünsten. Gehackte Champignons und evtl. Kreuzkümmel hinzufügen. Die Champignons bei starker Hitze etwa 3 Minuten unter Rühren braten. Etwas abkühlen lassen.

4. Die gegarten Linsen in ein Sieb abgießen, abtropfen und etwas abkühlen lassen. Die Haferflocken in einem Blitzhacker feiner mixen. Die Petersilie abspülen und trocken tupfen. Die Blättchen von den Stängeln zupfen und klein schneiden.

5. Linsen und Zwiebel-Pilz-Mischung portionsweise grob mixen. Mit Sojasauce, Salz, Pfeffer, Petersilie und Haferflocken in einer Rührschüssel gut vermengen.

6. Die Linsenmasse mit angefeuchteten Händen zu etwa walnussgroßen Bällchen rollen, zugedeckt etwa 10 Minuten quellen lassen.

7. In der Zwischenzeit für die Sauce die Zwiebeln abziehen, zuerst in dünne Scheiben schneiden, dann in Ringe teilen. Den Thymian abspülen und trocken tupfen. Die Margarine in einer kleinen Pfanne zerlassen, Zwiebelringe und Thymian darin unter Wenden braun braten. Mit Zucker bestreuen und karamellisieren. Mit Wein ablöschen und die Flüssigkeit nahezu einkochen lassen. Dann die Gemüsebrühe hinzugießen und die Sauce bei schwacher Hitze etwa 10 Minuten kochen lassen.

8. Zum Braten der Linsen-Bullar das übrige Pflanzenöl (etwa 100 ml) in einer großen Pfanne erhitzen. Die Linsen-Bullar darin von allen Seiten knusprig braten.

9. Für die Sauce das Mehl mit etwas kaltem Wasser anrühren, die Zwiebelsauce damit sämig binden. Die Sauce mit Salz und Pfeffer abschmecken. Die Linsen-Bullar mit der Zwiebelsauce und nach Belieben mit Preiselbeerkompott anrichten.

TIPP:
Lecker zu den Linsen-Bullar ist Preiselbeerkompott (aus dem Glas). Stellen Sie einfach etwas davon in einem Schälchen zum Selbernehmen mit auf den Tisch. Als Beilage passen dann außerdem Salzkartoffeln oder Reis noch sehr gut dazu.

BUCHWEIZEN-PFANN-KUCHEN MIT PILZRAGOUT

MIT ALKOHOL

ZUBEREITUNGSZEIT:
80 Minuten

ZUTATEN FÜR 4 PORTIONEN

FÜR DIE PFANNKUCHEN:
75 g Buchweizenmehl, Salz
100 ml Milch (3,5 % Fett)
1 Ei (Größe M)
25 g zerlassene, abgekühlte Butter
40 g Butter zum Ausbacken

FÜR DAS PILZRAGOUT:
300 g Champignons
450 g Kräuterseitlinge
75 g Schalotten, 40 g Butter
80 ml Cidre (Apfelwein)
125 g Schlagsahne
2 EL grobkörniger Senf, Salz
2 Stängel Estragon

FÜR DEN SALAT:
je 75 g Frisée- und Endiviensalat
50 g Rucola (Rauke)
4 EL Rotweinessig
3 EL Cidre (Apfelwein)
1 EL Zucker, Salz
gem. Pfeffer
2 EL Walnussöl
4 EL Sonnenblumenöl

ZUM BESTREUEN:
50 g Bergkäse, z. B. Greyerzer

PRO PORTION:
E: 16 g, F: 54 g, Kh: 24 g, kcal: 649

1. Für die Pfannkuchen Buchweizenmehl, 1 große Prise Salz, Milch und Ei in einer Rührschüssel glatt verrühren. 125 ml eiskaltes Wasser und die zerlassene Butter unterrühren. Den Teig etwa 60 Minuten quellen lassen.

2. In der Zwischenzeit für das Pilzragout Champignons und Kräuterseitlinge putzen, evtl. kurz abspülen, trocken tupfen und in Scheiben schneiden. Die Schalotten abziehen und klein würfeln.

3. Für den Salat Frisée, Endivien und Rucola putzen, abspülen und trocken tupfen. Vom Rucola die groben Stiele abschneiden. Die Salate sehr klein zupfen. Den Essig mit Cidre, Zucker sowie etwas Salz und Pfeffer verrühren. Walnuss- und Sonnenblumenöl unterschlagen. Salate und Vinaigrette beiseitestellen.

4. Für das Pilzragout die Butter in einem Topf zerlassen und die Schalotten darin bei mittlerer Hitze kurz andünsten. Die Pilze dazugeben und kurz mitdünsten. Mit Cidre und Sahne ablöschen. Den Senf und etwas Salz unterrühren. Das Ragout unter gelegentlichem Rühren cremig einkochen lassen. Den Estragon abspülen und trocken tupfen. Die Blättchen von den Stängeln zupfen, klein schneiden und unter das Ragout rühren.

5. Zum Ausbacken der Pfannkuchen etwas Butter in einer beschichteten Pfanne (Ø 20–22 cm) zerlassen. Aus dem Teig nacheinander 8 dünne Pfannkuchen backen. Dafür den Teig gut durchrühren. Jeweils 1 dünne Teiglage mit einer drehenden Bewegung gleichmäßig auf dem Boden der Pfanne verteilen. Den Pfannkuchen von beiden Seiten goldbraun backen. Bevor der Pfannkuchen gewendet wird, wieder etwas Butter in die Pfanne geben. Gebackene Pfannkuchen im Backofen bei Ober-/Unterhitze: etwa 80 °C, Heißluft: etwa 60 °C warm halten.

6. Zum Bestreuen den Käse, falls nötig, entrinden, anschließend grob reiben oder hobeln. Zum Servieren die Salate mit der Vinaigrette mischen. Jeweils etwas Pilzragout in der Mitte eines Pfannkuchens verteilen. Die Seiten der Pfannkuchen zur Mitte falten. Die Pfannkuchen mit dem Salat auf Tellern anrichten und mit Käse bestreuen.

TIPPS:
Bei der Füllung der Pfannkuchen können Sie ganz nach Geschmack entscheiden. Gut passt auch eine mediterrane Gemüsemischung, z. B. ein Ratatouille (Rezept siehe Seite 62).
Süßschnäbel können die Pfannkuchen auch mit Konfitüre oder Nuss-Nougat-Creme bestreichen oder sie mit einem dicken Klecks Apfelmus oder -kompott füllen.

PFANNKUCHEN AUF JAPANISCHE ART

ZUBEREITUNGSZEIT:
40 Minuten

ZUTATEN FÜR 4 PORTIONEN

FÜR DIE SAUCE:
8 EL Tomatenketchup
4 EL Worcestersauce
4 EL Sojasauce
3–4 EL flüssiger Honig

FÜR DAS GEMÜSE:
1 kleiner Spitzkohl (etwa 650 g)
1–2 Möhren (etwa 150 g)
1 kleines Bund Frühlingszwiebeln

FÜR DEN TEIG:
240 g Weizenmehl (Type 405)
1 TL Backpulver
2 TL Instant-Gemüsebrühe
4 Eier (Größe M)

ZUSÄTZLICH:
4 EL Pflanzenöl, z. B. Erdnussöl
2–3 EL Mayonnaise
1 EL schwarze Sesamsamen

PRO PORTION:
E: 20 g, F: 24 g, Kh: 71 g, kcal: 594

1. Für die Sauce Tomatenketchup, Worcestersauce, Sojasauce, Honig und 2 Esslöffel Wasser verrühren. Die Sauce beiseitestellen.

2. Für das Gemüse den Kohl vierteln, bei Bedarf die äußeren Blätter entfernen, den Strunk abschneiden. Den Kohl abspülen, abtropfen lassen, die Viertel quer in feine Streifen schneiden und in eine Schüssel geben. Die Möhren putzen, schälen, abspülen und abtropfen lassen, mit einem Sparschäler in dünne Streifen hobeln und zum Kohl geben. Die Frühlingszwiebeln putzen, abspülen, abtropfen lassen und schräg in feine Ringe schneiden. Die weißen Zwiebelteile zum Kohl geben, die grünen Ringe beiseitelegen. Das Gemüse gut vermischen.

3. Für den Teig Mehl, Backpulver und Instant-Gemüsebrühe in einer Schüssel verrühren. Die Eier mit 350 ml Wasser verquirlen, zur Mehlmischung gießen und alles zu einem glatten Teig verrühren. Die Gemüsemischung unterrühren.

4. In einer beschichteten Pfanne (Ø 20–24 cm) 1 Esslöffel Öl erhitzen. Ein Viertel des Teigs hineingeben, mit einem Pfannenwender rundherum in Form bringen und den Pfannkuchen von jeder Seite bei mittlerer bis starker Hitze in etwa 3 Minuten goldbraun backen. Nach und nach vier Pfannkuchen backen. Die fertigen Pfannkuchen im Backofen bei Ober-/Unterhitze: etwa 80 °C, Heißluft: etwa 60 °C warm halten.

5. Die japanische Pfannkuchen auf Tellern anrichten und mit der vorbereiteten Sauce beträufeln. Die Mayonnaise (z. B. direkt aus einer Quetschflasche) in feinen Streifen auf der Sauce verteilen. Mit den grünen Frühlingszwiebelringen garnieren und mit Sesamsamen bestreuen.

REZEPTVARIANTE:
Für **Pfannkuchen mit gebratenen Pilzen** etwa 250 g Pilze (z. B. Champignons, Shiitake) putzen, evtl. kurz abspülen und trocken tupfen, dann vierteln oder halbieren. 2 Esslöffel Pflanzenöl (z. B. Erdnussöl) in einer Pfanne erhitzen und die Pilze darin scharf anbraten. Mit Pfeffer würzen, vom Herd nehmen und mit 2 Esslöffel Sojasauce ablöschen. Die fertig gebackenen warmen Pfannkuchen wie oben beschrieben mit Sauce beträufeln, Pilze darauf verteilen und mit Mayonnaise, Frühlingszwiebeln und Sesamsamen toppen.

POLENTASCHNITTEN MIT BOHNENGEMÜSE

ZUBEREITUNGSZEIT:
40 Minuten, ohne Auskühlzeit

ZUTATEN FÜR 4 PORTIONEN

FÜR DIE SCHNITTEN:
500 ml Gemüsebrühe
20 g Butter
140 g Polenta (Maisgrieß)
Cayennepfeffer
ger. Muskatnuss
50 g ital. Hartkäse am Stück, z. B. Montello

FÜR DAS GEMÜSE:
400 g Edamame Bohnen oder Dicke Bohnen (TK-Ware oder aus Glas oder Dose)
1 Zwiebel
1 Knoblauchzehe
1 Glas getrocknete Tomaten, in Öl (etwa 180 g Abtropfgewicht)
2 Stängel Bohnenkraut
1 rote Chilischote
200 g Schlagsahne
Salz
gem. Pfeffer

ZUSÄTZLICH:
3 EL Pflanzenöl, z. B. Rapsöl

PRO PORTION:
E: 18 g, F: 67 g, Kh: 44 g, kcal: 851

1. Für die Polentaschnitten eine Kastenform (25 cm lang) mit Frischhaltefolie auslegen. Gemüsebrühe und Butter in einem Topf aufkochen. Den Grieß einrieseln lassen und mit einem Kochlöffel glatt verrühren. Die Masse unter ständigem Rühren bei schwacher Hitze 2–3 Minuten kochen lassen. Mit Cayennepfeffer und Muskatnuss abschmecken. Den Hartkäse reiben und einrühren, dann die noch heiße Masse in die vorbereitete Form füllen. Glatt streichen und erkalten lassen.

2. Für das Gemüse TK-Bohnen nach Packungsanleitung auftauen, Bohnen aus Glas oder Dose abtropfen lassen. Zwiebel und Knoblauch abziehen. Die Zwiebel würfeln und den Knoblauch durch eine Presse drücken. Die getrockneten Tomaten in einem Sieb abtropfen lassen, das abtropfende Öl dabei auffangen. Die Tomaten in Streifen schneiden.

3. Das Bohnenkraut abspülen und trocken tupfen, die Blättchen von den Stängeln zupfen, dann grob hacken. Die Chilischote halbieren, entstielen, entkernen, abspülen, abtropfen lassen und in sehr feine Streifen schneiden.

4. Das aufgefangene Tomatenöl in einem Topf leicht erhitzen und die Zwiebeln darin in 3–4 Minuten glasig dünsten. Chilischote und Knoblauch dazugeben und noch etwa 1 Minute dünsten. Die Sahne angießen und aufkochen lassen.

5. Die Dicken Bohnen in die Sahne geben und alles köcheln lassen, bis die Sahne leicht sämig wird. Getrocknete Tomaten und Bohnenkraut dazugeben und alles noch 2–3 Minuten köcheln lassen. Das Bohnengemüse mit Salz und Pfeffer abschmecken und warm stellen.

6. Die erkaltete Polentamasse aus der Form stürzen, die Folie entfernen. Die Polenta in etwa 1 ½ cm dicke Scheiben schneiden. Das Pflanzenöl in einer beschichteten Pfanne erhitzen. Die Polentaschnitten bei mittlerer Hitze von jeder Seite in etwa 2 Minuten goldbraun braten.

7. Zum Servieren die Polentaschnitten auf Tellern anrichten und das Bohnengemüse daraufgeben.

TIPP:
Wer mag, bestreut das Gemüse noch mit frisch gehobeltem italienischem Hartkäse (z. B. Montello) und gehackter Petersilie.

FRITTATA MIT GEMÜSE

ZUBEREITUNGSZEIT:
20 Minuten

GARZEIT:
8–10 Minuten pro Frittata

ZUTATEN FÜR 2 PORTIONEN

1 kleine rote Paprikaschote (etwa 150 g)
2 Frühlingszwiebeln
2 EL Olivenöl
4–5 Stängel Basilikum
3 Eier (Größe M)
2 EL Schlagsahne
Salz
gem. Pfeffer

PRO PORTION:
E: 11 g, F: 22 g, Kh: 8 g, kcal: 280

1. Die Paprikaschote halbieren, entstielen und entkernen, dabei auch die weißen Scheidewände entfernen. Die Schotenhälften abspülen, abtrocknen und grob raspeln oder hobeln oder in ganz feine Streifen schneiden. Die Frühlingszwiebeln putzen, abspülen, abtropfen lassen und in feine Scheiben schneiden.

2. In einer Pfanne 1 Esslöffel Olivenöl erhitzen. Paprika und Frühlingszwiebeln darin in etwa 6 Minuten unter gelegentlichem Rühren bissfest dünsten. Das Gemüse aus der Pfanne nehmen und auf einen Teller geben.

3. Das Basilikum abspülen und trocken tupfen, die Blättchen von den Stängeln zupfen. Einige Blättchen zum Garnieren beiseitelegen, die restlichen Blättchen unter das Gemüse rühren.

4. Die Eier mit Sahne, Salz und Pfeffer in einer Schüssel kurz verquirlen. Dann das Gemüse unterrühren.

5. Das übrige Olivenöl (1 Esslöffel) in einer beschichteten Pfanne (Ø etwa 20 cm) erhitzen. Die Eier-Gemüse-Masse in die Pfanne geben und zugedeckt in 8–10 Minuten bei schwacher Hitze stocken lassen, bis keine Flüssigkeit mehr vorhanden ist und die Frittata sich mit einem Pfannenwender leicht vom Rand und Boden der Pfanne lösen lässt.

6. Die Frittata aus der Pfanne auf einen großen Teller gleiten lassen und vierteln. Warm oder kalt mit den beiseitegelegten Basilikumblättchen garniert servieren.

TIPP:
Die Fritttata eignet sich wunderbar auch als Belag für ein Pausenbrot – dafür 1 Frittatastück auf 2 Scheiben mit Butter bestrichenes Bauernbrot oder italienisches Weißbrot legen, evtl. zusammen mit ein paar Salatblättern und Tomatenscheiben.

MANGOLD-KARTOFFEL-KUCHEN

ZUBEREITUNGSZEIT:
30 Minuten

GARZEIT:
10 Minuten pro Kuchen

ZUTATEN FÜR 4 PORTIONEN

1 Zwiebel
800 g gegarte Salzkartoffeln (vom Vortag)
400 g Mangold
200 g Weizenmehl (Type 405)
2 Eier (Größe M)
400 ml Milch (3,5 % Fett)
Salz
gem. Pfeffer
80 g Butterschmalz
ger. Muskatnuss

PRO PORTION:
E: 17 g, F: 27 g, Kh: 73 g, kcal: 608

1. Die Zwiebel abziehen und fein würfeln. Die Kartoffeln grob raspeln. Den Mangold putzen, die Stiele aus den Blättern schneiden. Mangoldblätter und -stiele getrennt voneinander abspülen und abtropfen lassen. Mangoldstiele, falls nötig, abziehen. Mangoldblätter und -stiele jeweils in feine Streifen schneiden.

---

2. Das Mehl in eine Rührschüssel geben. Die Eier mit der Milch verquirlen. Die Eiermilch nach und nach unter Rühren zum Mehl geben, dabei darauf achten, dass keine Klümpchen entstehen. Den Teig mit Salz und Pfeffer würzen.

---

3. Etwas Butterschmalz in einer beschichteten Pfanne (Ø etwa 24 cm) erhitzen und ein Viertel der Zwiebelwürfel darin glasig dünsten. Ein Viertel der Kartoffelraspel hinzufügen und bei mittlerer bis starker Hitze unter Rühren anbraten. Ein Viertel des Mangoldgemüses dazugeben und unterrühren. Die Mischung mit Salz, Pfeffer und Muskatnuss würzen.

---

4. Den Teig nochmals durchrühren. Ein Viertel davon auf die Kartoffel-Mangold-Mischung gießen und in etwa 5 Minuten stocken lassen. Den Mangold-Kartoffel-Kuchen wenden. Dazu aus der Pfanne auf einen flachen Teller gleiten lassen und mit der Oberseite nach unten zurück in die Pfanne stürzen. Bevor der Kuchen wieder in die Pfanne gegeben wird, etwas vom Butterschmalz in die Pfanne geben. Den Kuchen auf der zweiten Seite ebenfalls etwa 5 Minuten braten.

---

5. Aus den restlichen Zutaten auf die in Schritt 3 und 4 beschriebene Weise 3 weitere Mangold-Kartoffel-Kuchen backen. Fertige Mangold-Kartoffel-Kuchen im Backofen bei Ober-/Unterhitze: etwa 80 °C, Heißluft: etwa 60 °C warm halten.

TIPP:
Mangold stammt ursprünglich aus dem Mittelmeerraum. Sein Geschmack ähnelt dem von Spinat, er ist aber würziger und nussiger. Man unterscheidet Blatt- und Stielmangold. Ersterer hat schmale Rippen und breite Blätter, die wie Spinat zubereitet werden. Typisch für Stielmangold sind die dicken, fleischigen Stiele, die von den Blättern getrennt wie Spargel oder Schwarzwurzeln zubereitet werden. Mangold ist kalorienarm und dabei reich an Kalium, Kalzium und Magnesium. Er enthält Eisen, Folsäure und Vitamin C. Hauptsaison hat das Gemüse von Juni bis September.

KARTOFFELRÖSTI MIT ZUCCHINI

ZUBEREITUNGSZEIT:
60 Minuten

ZUTATEN FÜR 4 PORTIONEN

FÜR DIE RÖSTI:
800 g große festkochende Kartoffeln
400 g Zucchini
2 Zwiebeln (etwa 100 g)
2 EL Speisestärke (etwa 30 g)
Salz
gem. Pfeffer
8 EL Pflanzenöl, z. B. Olivenöl

FÜR DIE VINAIGRETTE:
1½ EL Apfel- oder Obstessig
1 TL flüssiger Honig
Salz
gem. Pfeffer
4 EL Walnussöl
1 Schalotte
½ Pck. (25 g) ital. TK-Kräuter

FÜR DEN SALAT:
200 g Feldsalat
8 Radieschen
2 EL Crème fraîche
4 EL Orangensaft
Salz
gem. Pfeffer
1 Prise Vollrohrzucker

PRO PORTION:
E: 7 g, F: 33 g, Kh: 40 g, kcal: 493

1. Für die Rösti die Kartoffeln schälen, abspülen und abtropfen lassen. Die Zucchini abspülen und abtrocknen, die Enden abschneiden. Die Kartoffeln auf der Reibe grob raspeln. Ein sauberes Küchentuch nass machen und sehr gut auswringen. Die Kartoffelraspel in dem Geschirrtuch, z. B. über der Küchenspüle, gut ausdrücken, dann in eine Schüssel geben. Die Zucchini ebenfalls grob raspeln, aber nicht ausdrücken.

2. Die Zwiebeln abziehen, fein reiben und mit den Zucchiniraspeln unter die Kartoffelraspel mischen. Die Speisestärke daraufgeben. Das Ganze mit Salz und Pfeffer kräftig würzen. Die Masse nochmals gut vermengen.

3. Etwa 1½ Esslöffel Öl in einer beschichteten Pfanne (Ø 28 cm) erhitzen und durch Schwenken der Pfanne gleichmäßig darin verteilen. Aus der Kartoffelmasse nacheinander in 4 Portionen insgesamt 16 Rösti backen. Für jeden Rösti mit etwas Abstand 1–2 Esslöffel Kartoffelmasse in die Pfanne geben und etwas flach drücken. Die Rösti etwa 5 Minuten bei mittlerer Hitze braten, bis die Masse etwas fest geworden ist.

4. Sobald die Röstiränder goldbraun sind und sich die Rösti leicht auf dem Pfannenboden hin und her bewegen lassen, die Rösti mit einem Pfannenwender umdrehen, dabei noch etwa ½ Esslöffel Öl in die Pfanne geben. Die Rösti in etwa 5 Minuten fertig braten, dann auf Küchenpapier legen und im Backofen bei Ober-/Unterhitze: etwa 80 °C, Heißluft: etwa 60 °C warm halten.

5. Für die Vinaigrette den Essig mit dem Honig verrühren, mit Salz und Pfeffer würzen. Das Walnussöl unterschlagen. Die Schalotte abziehen, fein würfeln und mit den Kräutern unter die Vinagrette rühren.

6. Für den Salat den Feldsalat verlesen und die Wurzelansätze abschneiden. Den Salat waschen, gut abtropfen lassen oder trocken schleudern. Die Radieschen putzen, abspülen, gut abtropfen lassen und in dünne Scheiben schneiden.

7. Die Crème fraîche mit dem Orangensaft verrühren. Mit Salz, Pfeffer und Zucker abschmecken. Feldsalat, Radieschen und Crème-fraîche-Sauce vorsichtig mischen. Mit den Rösti und der Vinaigrette servieren.

TIPP:
Unter die Kartoffelmasse können Sie auch andere geraspelte Gemüsesorten mischen, etwa Möhren, Romanesco oder Paprika.

REGISTER VON A–Z

A/B/C

Amarant: Gefüllte Zucchini mit Amarant 102
Ananas: Gebratener Reis 140
Apfel
Kürbissalat 30
Krautstrudel 116
Salat-Bowl mit pochiertem Ei 24
Schupfnudeln mit fruchtigem Gemüse 148
Aubergine
Auberginenauflauf 98
Linsencurry mit Auberginen 72
Ratatouille 62
Tomatenreis mit Auberginen 136
Vollkornnudeln mit Linsenbolognese 122
Avocado
Bohnen-Burger mit Tortillas 164
Gemüse-Bowl mit Tofu-Sticks 40
Salat-Bowl mit pochiertem Ei 24
Barbecue-Tofu-Eintopf 64
BBQ-Blumenkohl-Wings 82
Blattsalat
Bohnen-Burger mit Tortillas 164
Brotsalat 26
Buchweizen-Pfannkuchen mit Pilzragout 168
Currywaffeln mit Mozzarellasalat 34
Gemüse-Wraps 158
Kartoffelrösti mit Zucchini 178
Salat-Bowl mit pochiertem Ei 24
Blechkartoffeln mit Kräuterquark 80
Blumenkohl
BBQ-Blumenkohl-Wings 82
Gemüsepizza mit Blumenkohlboden 106
Blumenkohlsteaks (Variante) 82
Bohnen
Bohnen-Burger mit Tortillas 164
Chili sin Carne 66
Enchiladas mit Mango-Tomaten-Sauce 86
Gartengemüse-Eintopf mit Aioli-Broten 54
Kartoffel-Bohnen-Topf mit Seitan 56
Polentaschnitten mit Bohnengemüse 172
Spaghetti mit Veggie-Bällchen 128
Spinat-Bohnen-Pizza 108
Toskanischer Wirsingeintopf 60
Brokkoli
Gartengemüse-Eintopf mit Aioli-Broten 54
Nudelauflauf mit Gemüse 92
Nudelsalat mit Gemüse 16
Brotsalat 26
Buchweizen-Pfannkuchen mit Pilzragout 168
Bulgur
Bohnen-Burger mit Tortillas 164
Bulgur-Kräuter-Salat 36
Wirsingrouladen mit Bulgurfüllung 104
Bunter Linsensalat 22
Burger
Bohnen-Burger mit Tortillas 164
Jackfrucht-Burger mit Schmorzwiebeln 162
Cashewkerne
Couscoussalat 32
Kürbissalat 30
Linsencurry mit Auberginen 72
Linsenpasta mit Cashewpesto 124
Chili sin Carne 66
Couscoussalat 32
Currywaffeln mit Mozzarellasalat 34

E/F/G

Ei
Frittata mit Gemüse 174
Gebratener Reis 140
Mangold-Kartoffel-Kuchen 176
Pfannkuchen auf japanische Art 170
Salat-Bowl mit pochiertem Ei 24
Shakshuka-Hirse-Auflauf 96
Enchiladas mit Mango-Tomaten-Sauce 86
Erbsen
Erbsen-Möhren-Eintopf mit Tofuwürstchen 52
Erbsen-Tofu-Wraps (Variante) 158
Falafel-Taler im Pita-Brot 156
Feta-Gemüse-Spieße 76
Frittata mit Gemüse 174
Frühlingszwiebel
Bulgur-Kräuter-Salat 36
Couscoussalat 32
Frittata mit Gemüse 174
Grünkernbratlinge auf Wurzelgemüse 160
Kartoffelpizza 110
Nudelsalat mit Gemüse 16
Pfannkuchen auf japanische Art 170
Radieschenpasta mit Frischkäse 126
Reis-Champignon-Salat 20
Steckrüben-Wedges mit Gemüse-Zaziki 84
Gartengemüse-Eintopf mit Aioli-Broten 54
Gebratener Reis 140
Gefüllte Zucchini mit Amarant 102
Gemüse
Gemüse-Bowl mit Tofu-Sticks 40
Gemüsebrühe Grundrezept 12
Gemüsebrühewürze 13
Gemüsepizza mit Blumenkohlboden 106
Gemüseschnitzel mit Kräuterquark 154
Gemüse-Wraps 158
Vegane Gemüsespieße (Variante) 76
Gnocchi
Gnocchi mit Kapern, Oliven und Rucola 144
Kürbisgnocchi mit Salbeibutter 146
Grünkern
Grünkernbratlinge auf Wurzelgemüse 160

Rosenkohlsalat mit Grünkern 28
Grünkohleintopf 46
Gurke
Brotsalat 26
Bulgur-Kräuter-Salat 36

H/J/K

Hirse
Linsen-Hirse-Topf indische Art 70
Shakshuka-Hirse-Auflauf 96
Jackfrucht-Burger mit Schmorzwiebeln 162
Joghurt
Currywaffeln mit Mozzarellasalat 34
Jackfrucht-Burger mit Schmorzwiebeln 162
Kürbis-Börek-Sticks mit Orangen-Minze-Dip 152
Reis-Champignon-Salat 20
Kapern
Brotsalat 26
Gnocchi mit Kapern, Oliven und Rucola 144
Kartoffel
Barbecue-Tofu-Eintopf 64
Blechkartoffeln mit Kräuterquark 80
Gnocchi mit Kapern, Oliven und Rucola 144
Grünkohleintopf 46
Kartoffel-Bohnen-Topf mit Seitan 56
Kartoffelgratin mit Kohlrabi 94
Kartoffelgulasch mit Tofu 50
Kartoffelpizza 110
Kartoffelpizza vegan (Variante) 110
Kartoffelrösti mit Zucchini 178
Kartoffelsalat mit Pesto 18
Kartoffelspalten mit roten Zwiebeln (Variante) 80
Kürbisgnocchi mit Salbeibutter 146
Linsensuppe 58
Mangold-Kartoffel-Kuchen 176
Schupfnudeln mit fruchtigem Gemüse 148
Shepard's Pie mit Linsenragout 100
Toskanischer Wirsingeintopf 60
Zweierlei Pommes aus dem Backofen 78
Käse
Auberginenauflauf 98
Barbecue-Tofu-Eintopf 64
Buchweizen-Pfannkuchen mit Pilzragout 168
Currywaffeln mit Mozzarellasalat 34
Enchiladas mit Mango-Tomaten-Sauce 86
Feta-Gemüse-Spieße 76
Gefüllte Zucchini mit Amarant 102
Gemüsepizza mit Blumenkohlboden 106
Kartoffelpizza 110
Käsespätzle (Variante)
Kürbis-Börek-Sticks mit Orangen-Minze-Dip 152
Krautstrudel 116
Lauch-Cannelloni mit Tomaten 90
Lauch-Hefeschnecken mit Maronen 112
Nudelauflauf mit Gemüse 92
Polentaschnitten mit Bohnengemüse 172
Radieschenpasta mit Frischkäse 126
Shakshuka-Hirse-Auflauf 96
Spaghetti mit Veggie-Bällchen 128
Spinatlasagne 88
Spinatspätzle mit Käse 120
Tagliatelle mit Tomatensugo 132
Toskanischer Wirsingeintopf 60
Wirsingrouladen mit Bulgurfüllung 104
Zitronenrisotto mit Kürbisspalten 138
Zwiebeltarte 114
Kichererbsen
Bohnen-Burger mit Tortillas 164
Falafel-Taler im Pita-Brot 156
Kichererbsensuppe 68
Kürbissalat 30
Kohlrabi
Gartengemüse-Eintopf mit Aioli-Broten 54
Kartoffelgratin mit Kohlrabi 94
Krautstrudel 116
Kürbis
Barbecue-Tofu-Eintopf 64
Kürbis-Börek-Sticks mit Orangen-Minze-Dip 152
Kürbisgnocchi mit Salbeibutter 146
Kürbissalat 30
Zitronenrisotto mit Kürbisspalten 138

L/M/N

Lauch
Kichererbsensuppe 68
Lauch-Cannelloni mit Tomaten 90
Lauch-Hefeschnecken mit Maronen 112
Linsencurry mit Auberginen 72
Schupfnudeln mit fruchtigem Gemüse 148
Semmelknödel auf gebratenen Pilzen 150
Shepard's Pie mit Linsenragout 100
Tomatenreis mit Auberginen 136
Linsen
Bunter Linsensalat 22
Linsen-Bullar mit Bratzwiebelsauce 166
Linsencurry mit Auberginen 72
Linsen-Hirse-Topf indische Art 70
Linsenpasta mit Cashewpesto 124
Linsensuppe 58
Shepard's Pie mit Linsenragout 100
Vollkornnudeln mit Linsenbolognese 122
Mais
Barbecue-Tofu-Eintopf 64
Chili sin Carne 66
Maiscremesuppe mit Tofuspießen 44
Steckrüben-Wedges mit Gemüse-Zaziki 84

Mango
Bohnen-Burger mit Tortillas 164
Currywaffeln mit Mozzarellasalat 34
Enchiladas mit Mango-Tomaten-Sauce 86
Tortellinisalat mit Currydressing 38
Mangold-Kartoffel-Kuchen 176
Maronen: Lauch Hefeschnecken mit Maronen 112
Möhre
Bohnen-Burger mit Tortillas 164
Bunter Linsensalat 22
Couscoussalat 32
Erbsen-Möhren-Eintopf mit Tofuwürstchen 52
Gartengemüse-Eintopf mit Aioli-Broten 54
Gebratener Reis 140
Gemüse-Bowl mit Tofu-Sticks 40
Grünkernbratlinge auf Wurzelgemüse 160
Kichererbsensuppe 68
Linsencurry mit Auberginen 72
Nudelauflauf mit Gemüse 92
Pfannkuchen auf japanische Art 170
Reis-Champignon-Salat 20
Schupfnudeln mit fruchtigem Gemüse 148
Semmelknödel auf gebratenen Pilzen 150
Nudeln
Lauch-Cannelloni mit Tomaten 90
Nudelauflauf mit Gemüse 92
Nudelsalat mit Gemüse 16
Nudelsalat mit Paprika (Variante) 16
Piroggen mit Kraut-Pilz-Füllung 134
Radieschenpasta mit Frischkäse 126
Spaghetti alla carbonara „veggie" 130
Spaghetti mit Veggie-Bällchen 128
Spinatspätzle mit Käse 120
Tagliatelle mit Tomatensugo 132
Tortellinisalat mit Currydressing 38
Vollkornnudeln mit Linsenbolognese 122

O/P/Q

Oliven
Brotsalat 26
Gnocchi mit Kapern, Oliven und Rucola 144
Spinatlasagne 88
Zwiebeltarte 114
Pak Choi: Gebratener Reis 140
Papaya: Salat-Bowl mit pochiertem Ei 24
Paprikaschote
Chili sin Carne 66
Enchiladas mit Mango-Tomaten-Sauce 86
Frittata mit Gemüse 174
Gefüllte Zucchini mit Amarant 102
Gemüsepizza mit Blumenkohlboden 106
Kartoffelgulasch mit Tofu 50
Linsen-Hirse-Topf indische Art 70
Nudelsalat mit Paprika (Variante) 16
Ratatouille 62
Reis-Champignon-Salat 20
Salat-Bowl mit pochiertem Ei 24
Shakshuka-Hirse-Auflauf 96
Vollkornnudeln mit Linsenbolognese 122
Pastinake: Grünkernbratlinge auf Wurzelgemüse 160
Pesto
Kartoffelsalat mit Pesto 18
Linsenpasta mit Cashewpesto 124
Pfannkuchen
Buchweizen-Pfannkuchen mit Pilzragout 168
Pfannkuchen auf japanische Art 170
Pfannkuchen mit gebratenen Pilzen (Variante) 170
Pilze
Buchweizen-Pfannkuchen mit Pilzragout 168
Feta-Gemüse-Spieße 76
Kürbisgnocchi mit Salbeibutter 146
Linsen-Bullar mit Bratzwiebelsauce 166
Pilz-Spinat-Wraps (Variante) 158
Piroggen mit Kraut-Pilz-Füllung 134
Schupfnudeln mit fruchtigem Gemüse 148
Semmelknödel auf gebratenen Pilzen 150
Shepard's Pie mit Linsenragout 100
Pinienkerne
Bohnen-Burger mit Tortillas 164
Nudelsalat mit Gemüse 16
Spinatlasagne 88
Tortellinisalat mit Currydressing 38
Wirsingrouladen mit Bulgurfüllung 104
Piroggen mit Kraut-Pilz-Füllung 134
Polentaschnitten mit Bohnengemüse 172
Quark
Blechkartoffeln mit Kräuterquark 80
Falafel-Taler im Pita-Brot 156
Gemüseschnitzel mit Kräuterquark 154
Steckrüben-Wedges mit Gemüse-Zaziki 84

R/S

Radieschen
Kartoffelrösti mit Zucchini 178
Radieschenpasta mit Frischkäse 126
Ratatouille 62
Reis
Gebratener Reis 140
Reis-Champignon-Salat 20
Tomatenreis mit Auberginen 136
Zitronenrisotto mit Kürbisspalten 138
Rosenkohlsalat mit Grünkern 28
Rotkohl: Gemüse-Wraps 158
Rucola
Buchweizen-Pfannkuchen mit Pilzragout 168
Gnocchi mit Kapern, Oliven und Rucola 144
Radieschenpasta mit Frischkäse 126
Salat-Bowl mit pochiertem Ei 24
Salat-Bowl mit pochiertem Ei 24
Sauerkraut
Krautstrudel 116
Piroggen mit Kraut-Pilz-Füllung 134
Schupfnudeln mit fruchtigem Gemüse 148
Seitan
Kartoffel-Bohnen-Topf mit Seitan 56
Seitangulasch 48
Sellerie
Bunter Linsensalat 22
Erbsen-Möhren-Eintopf mit Tofuwürstchen 52
Gemüse-Bowl mit Tofu-Sticks 40
Kichererbsensuppe 68
Linsencurry mit Auberginen 72
Shepard's Pie mit Linsenragout 100
Semmelknödel auf gebratenen Pilzen 150
Sesam
Gemüse-Bowl mit Tofu-Sticks 40
Pfannkuchen auf japanische Art 170
Vollkornnudeln mit Linsenbolognese 122

Shakshuka-Hirse-Auflauf 96
Shepard's Pie mit Linsenragout 100
Sojaschnetzel: Chili sin Carne 66
Spaghetti alla carbonara „veggie" 130
Spaghetti mit Veggie-Bällchen 128
Spargelpizza (Variante) 106
Spinat
Gemüsepizza mit Blumenkohlboden 106
Nudelsalat mit Gemüse 16
Spinat-Bohnen-Pizza 108
Spinatlasagne 88
Spinatspätzle mit Käse 120
Spitzkohl
Krautstrudel 116
Pfannkuchen auf japanische Art 170
Sprossen
Gebratener Reis 140
Gemüse-Bowl mit Tofu-Sticks 40
Steckrüben-Wedges mit Gemüse-Zaziki 84
Süßkartoffel
Enchiladas mit Mango-Tomaten-Sauce 86
Linsen-Hirse-Topf indische Art 70
Zweierlei Pommes aus dem Backofen 78

T

Tagliatelle mit Tomatensugo 132
Tofu
Barbecue-Tofu-Eintopf 64
Erbsen-Möhren-Eintopf mit Tofuwürstchen 52
Gemüse-Bowl mit Tofu-Sticks 40
Kartoffelgulasch mit Tofu 50
Maiscremesuppe mit Tofuspießen 44
Spaghetti alla carbonara „veggie" 130
Tomate
Auberginenauflauf 98
Barbecue-Tofu-Eintopf 64
Brotsalat 26
Bulgur-Kräuter-Salat 36
Bunter Linsensalat 22
Chili sin Carne 66
Couscoussalat 32
Enchiladas mit Mango-Tomaten-Sauce 86
Falafel-Taler im Pita-Brot 156
Feta-Gemüse-Spieße 76
Gefüllte Zucchini mit Amarant 102
Gemüse-Bowl mit Tofu-Sticks 40
Gemüsepizza mit Blumenkohlboden 106
Gemüse-Wraps 158
Kartoffelsalat mit Pesto 18
Lauch-Cannelloni mit Tomaten 90
Lauch-Hefeschnecken mit Maronen 112
Nudelsalat mit Gemüse 16
Polentaschnitten mit Bohnengemüse 172
Ratatouille 62
Rosenkohlsalat mit Grünkern 28
Salat-Bowl mit pochiertem Ei 24
Shakshuka-Hirse-Auflauf 96
Spaghetti mit Veggie-Bällchen 128
Spinat-Bohnen-Pizza 108
Tagliatelle mit Tomatensugo 132
Tomatenreis mit Auberginen 136
Tortellinisalat mit Currydressing 38
Toskanischer Wirsingeintopf 60
Vollkornnudeln mit Linsenbolognese 122
Tortellinisalat mit Currydressing 38
Tortillafladen
Bohnen-Burger mit Tortillas 164
Enchiladas mit Mango-Tomaten-Sauce 86
Gemüse-Wraps 158
Toskanischer Wirsingeintopf 60

V/W/Z

Vegan
BBQ-Blumenkohl-Wings 82
Brotsalat 26
Bulgur-Kräuter-Salat 36
Bunter Linsensalat 22
Chili sin Carne 66
Erbsen-Möhren-Eintopf mit Tofuwürstchen 52
Feta-Gemüse-Spieße (Variante) 76
Gartengemüse-Eintopf mit Aioli-Broten 54
Gemüse-Bowl mit Tofu-Sticks 40
Gemüsebrühe Grundrezept 12
Gemüsebrühewürze 13
Kartoffel-Bohnen-Topf mit Seitan 56
Kartoffelgulasch mit Tofu 50
Kartoffelsalat mit Pesto 18
Kichererbsensuppe 68
Linsen-Bullar mit Bratzwiebelsauce 166
Linsen-Hirse-Topf indische Art 70
Linsensuppe 58
Piroggen mit Kraut-Pilz-Füllung 134
Ratatouille 62
Seitangulasch 58
Shepard's Pie mit Linsenragout 100
Spaghetti alla carbonara „veggie" 130
Spinat-Bohnen-Pizza 108
Tomatenreis mit Auberginen 136
Vegane Kartoffelpizza (Variante) 110
Vollkornnudeln mit Linsenbolognese 122
Zweierlei Pommes aus dem Backofen 78
Vollkornnudeln mit Linsenbolognese 122
Walnüsse
Enchiladas mit Mango-Tomaten-Sauce 86
Lauch-Hefeschnecken mit Maronen 112
Wirsing
Toskanischer Wirsingeintopf 60
Wirsingrouladen mit Bulgurfüllung 104
Zaziki
Gemüse-Wraps 158
Steckrüben-Wedges mit Gemüse-Zaziki 84
Zitronenrisotto mit Kürbisspalten 138
Zucchini
Barbecue-Tofu-Eintopf 64
Couscoussalat 32
Feta-Gemüse-Spieße 76
Gefüllte Zucchini mit Amarant 102
Gemüse-Bowl mit Tofu-Sticks 40
Gemüse-Wraps 158
Kartoffelrösti mit Zucchini 178
Nudelauflauf mit Gemüse 92
Ratatouille 62
Zuckerschoten: Gartengemüse-Eintopf mit Aioli-Broten 54
Zweierlei Pommes aus dem Backofen 78
Zwiebel
Jackfrucht-Burger mit Schmorzwiebeln 162
Linsen-Bullar mit Bratzwiebelsauce 166
Zwiebeltarte 114

IMPRESSUM

HINTER JEDEM TOLLEN BUCH STECKT EIN STARKES TEAM

Projektleitung: *Karin Kerber*
Lektorat: *Angelika Ilies, Langen*
Korrektorat: *Karin Leonhart, Murnau*
Rezepte: *Dr. Oetker Verlag,*
außer: Olaf Brummel, Steinhagen (S. 24, 30, 32, 46, 62, 92, 94, 98, 104, 106, 110, 116, 120, 124, 128, 132, 148, 158, 170, 172)
Titelgestaltung, Layout und Satz: *Büro 18, Friedberg/Bayern*
Herstellung: *Frank Jansen*
Producing: *Jan Russok*
Druck & Bindung: *optimal media GmbH, Röbel*

UNSER VERLAGSHAUS

Mit Standorten Hamburg und München zählt die Edel Verlagsgruppe zu den größten unabhängigen Buchanbietern Deutschlands. Zur Edel Verlagsgruppe gehört unter anderem ZS mit seinen Lizenzmarken Dr. Oetker Verlag, Kochen & Genießen und Phaidon by ZS.

Die Bücher und E-Books unter der Marke Dr. Oetker Verlag erscheinen als Lizenz in der Edel Verlagsgruppe GmbH
www.oetker-verlag.de
www.facebook.com/Dr.OetkerVerlag

www.instagram.com/Dr.OetkerVerlag

FÜR DIE UMWELT

ZS unterstützt bei der Produktion dieses Buches das Projekt „Junge Riesen für die nächsten 100 Jahre" im Naturpark Nossentiner/Schwinzer Heide. Damit wird ein Anteil der unvermeidbaren CO_2-Emissionen im direkten Umfeld des Produktionsstandortes kompensiert.

LIEBE LESERINNEN, LIEBE LESER,

seit 130 Jahren gibt es Dr. Oetker Bücher, viele davon sind seit Jahrzehnten im Programm. Mit jedem Buch, mit jeder Aktualisierung eines unserer Klassiker erfinden wir uns neu. Was bleibt, ist immer der Kern unserer Bücher: praktisch müssen sie sein und funktionieren muss alles. Gerne auch mal den einen oder anderen Kniff anbieten, den Sie vielleicht noch nicht kannten. Deshalb kommen Ihnen die Dr. Oetker Bücher so modern und frisch und doch so vertraut vor.

Viel Spaß und viel Erfolg wünschen wir Ihnen auch mit diesem Buch.
Ihre Dr. Oetker Verlagsredaktion

2. Auflage 2023

Kaiserstraße 14 b
D-80801 München
ISBN: 978-3-7670-1867-9

BILDNACHWEIS

Titelfoto: © StockFoodStudios | Wischnewski
Coverillustration: © shutterstock | solar lady
Fotos Innenseiten (für Dr. Oetker Verlag):
Antje Plewinski, Berlin: S. 5 (u.); 35; 49; 87; 115; 141; 142/143; 147; 169
Axel Struwe, Bielefeld: S. 27, 65
Eising Studio | Food Photo & Video, München: S. 4; 5 (o.); 6; 8; 9–12; 17; 19; 21; 41; 57; 59; 67; 69; 77; 109; 153; 155; 157; 165
Fotostudio Diercks (Thomas Diercks, Kai Boxhammer, Christiane Krüger), Hamburg: S. 37, 39, 45, 53, 79, 81, 137, 139, 145, 151
Fotostudio Eising, München: S. 51, 131, 175
Kramp & Gölling, Reeßum: S. 55, ,167
StockFood Studios | Andreas Hantschke, Oliver Sold: S. 71; 83; 101; 123; 163
StockFood Studios | Jan Wischnewski: S. 5 (2. v. o., 3 v. o., 3 v. u., 2 v. u.); 14/15; 25; 31; 33; 42/43; 47; 63; 74/75; 89; 93; 95; 99; 105; 107; 111; 117–119; 121; 125; 129; 133; 135; 149; 159; 171; 173
Studio Diercks Media GmbH (Kai Boxhammer, Silje Paul), Hamburg: S. 7, 13, 23, 29, 61, 73, 85, 91, 97, 103, 113, 127, 161, 177, 179

Schluss mit der langen Rezeptsuche!

Das lange Durchsuchen der eigenen Kochbücher hat endlich ein Ende – die Rezept Scout-App verrät ganz schnell und einfach, welches Rezept wo zu finden ist.

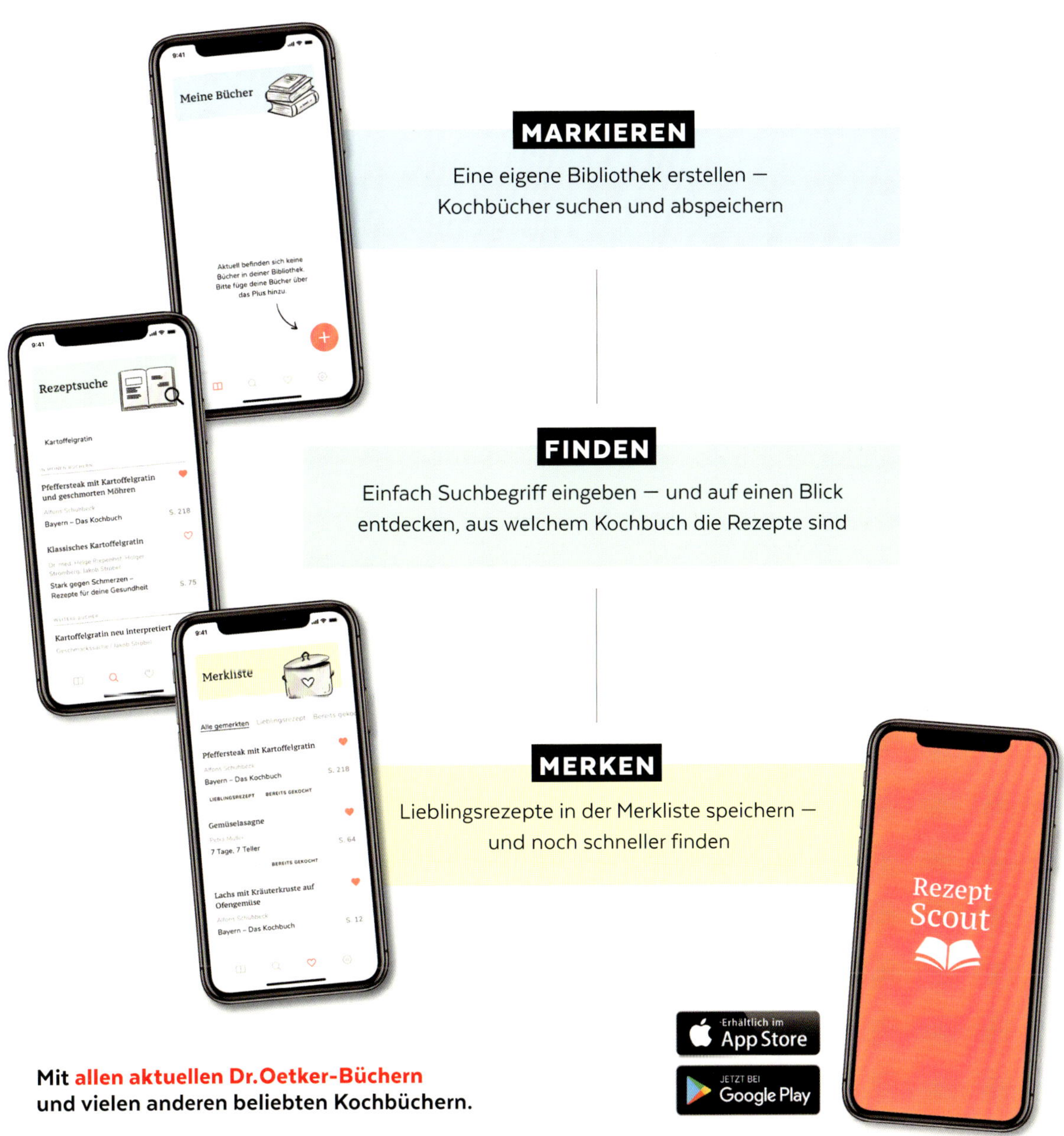

MARKIEREN

Eine eigene Bibliothek erstellen – Kochbücher suchen und abspeichern

FINDEN

Einfach Suchbegriff eingeben – und auf einen Blick entdecken, aus welchem Kochbuch die Rezepte sind

MERKEN

Lieblingsrezepte in der Merkliste speichern – und noch schneller finden

Mit allen aktuellen Dr. Oetker-Büchern und vielen anderen beliebten Kochbüchern.